靈程
光影

穿越電影世界的心靈行旅

賴勇衡　著

靈程光影——穿越電影世界的心靈行旅

作者：賴勇衡
督印：周鴻奇
責任編輯：岑樹基
設計排版：葉頌禧

出版：香港教育大學基督教信仰與發展中心
地址：香港新界大埔露屏路十號香港教育大學 E 座一樓 03 室
電話：2948 8848
傳真：2948 8224
電郵：christianfaith@eduhk.hk
網址：www.eduhk.hk/christianfaith

國際書號： 978-988-74591-4-9
版次：2023 年 10 月初版
版權所有・請勿翻印

Spiritual Journey Through Films

Author: Yung-Hang Lai

1st Edition: Oct 2023
ISBN: 978-988-74591-4-9
Copyright © 2023 by EdUHK Christian Faith and Development Centre
Address: E-1/F-03, 10 Lo Ping Road, The Education University of Hong Kong,
Tai Po, N.T., Hong Kong.

任序 /
給熱衷電影的信徒補補課

賴勇衡博士（朋友稱爲「賴勇」）某次離開香港之前幾天來找我吃午飯，天南地北之際，突然叫我爲他的新書寫序，確實有點驚訝，但也沒有完全感到意外。雖然我們不算十分相熟，年紀又相差幾截，卻畢竟有一點微妙的共通，就是喜歡注視電影與宗教信仰之間的交接點，所以當他道出爲甚麼要我寫序的幾點理由時，也就欣然答應了。當然，我相信他找我的一個重要原因，其實是敬老：尊重我在這個相對冷門的範疇裏比他先踏出了小半步。當年輕人讓出關愛座，假若長者一味推辭，只會令場面尷尬。卻之不恭，就是這個意思。

從本書所收錄的各篇文章，讀者應該可以感受到，電影與信仰之間的交接，不僅是賴勇的學術興趣，更是他表述人生與信仰關懷的場域。熱愛電影、熱衷文化藝術的人不少；覺得自己很懂電影、很有看法、經常狂吹所謂評論的，更多；但像賴勇那樣全身投入，以鑽研電影和文化爲志業的，是少數；而以專業電影學者的身份和高度，去檢視電影的宗教向度，又能夠以平易的筆觸，跟普羅讀者分享所得的，更是少數中的極少數。

誠如賴勇自己說，電影也可以是靈修的材料，如同書籍、音樂、聖像畫一樣。這樣的想法，今天看來也許不難接受；十多年前，英格蘭神學人 Gerard Loughlin 就曾經把前蘇聯電影大師塔可夫斯基（Andrei Tarkovsky）的作品譽為移動的聖畫（moving icons）。然而，這一代香港基督徒大概很難想像，直至上世紀末之前的大半個世紀，電影一直是不少教會裏的禁忌，講台上連提也不可，信徒看了電影也不好讓牧者知道，本地大部份神學院都不鼓勵甚至禁止同學涉足戲院。時移世易，如今不少牧者講道都會引用電影情節和對白，神學老師經常在課堂上舉電影為例，教會團契小組以電影為聚會主題，甚至教會在堂所裏搞電影欣賞會，也曾一度甚為普遍。（至於這樣的轉變何以發生、如何發生，就大大超出這篇序言的範圍了。）只是，熱衷電影、自以為很懂電影、可以隨口講很多電影的人多，能夠認真而紮實地分析電影的人少。賴勇的書，正好填補這個空檔，給一眾信徒（或者對信仰角度有興趣的非信徒）補補課，示範一下怎樣才是有基礎而負責任的電影文字。

賴勇和我曾經「前後腳」在同一機構工作，當年擦身而過而只風聞其名，幾年之後竟在同一大學同一學系做同事，雖然工作上沒有直接連繫，但辦公室在同一層樓，感覺接近了許多。我們之間在某方面的學術興趣和信仰關懷大致相近，卻又不盡相同；或者可以說，我們的起點相近，但路向和立足點各有不同 —— 他和我都關心電影（和廣義的普及文化）與宗教信仰之間的相互關係，只是賴勇選擇以電影和文化研究為立足點，而我就選擇以基督教神學為本位。相比起來，賴勇對電影的熱愛和知識，比我濃厚和豐富太多。

這本結集，是賴勇衡博士在漫漫耕耘長路上的初熟之果；他的文章，在《時代論壇》和其他報刊上，依然陸續有來。我引頸期待他第二、三、四……本結集面世，當然還有他更重要的學術專著。

容我借一句所有真正看電影的人都會懂的話跟賴勇說：Play it again, Bruce!

任志強
《時代論壇》社長
崇基學院神學院客席助理教授

唐序 /

自己是十分喜歡看電影的人，在兩個小時左右的放映時間中，往往與主角同悲同喜，會爲劇情片中主角的掙扎唏噓，爲英雄片主角的成長雀躍，爲公路片主角的歷險擔心……每當看完一齣能夠啟發思考、滋養靈性的電影，都猶如經歷一次靈修體驗。

爲了幫助自己的觀影能力，深入地解讀電影劇本、語言與符號，我也常常看影評，對那些能夠提出獨到見解而有說服力的影評人，心悅誠服。如此，沒有比在自己服事的教會，出了一名會寫影評的年靑人更興奮的事情了。賴勇衡博士寫影評的資歷已超過十年，一直有追看他的文章，他的文章見解獨到而有說服力，眞的提升了我的觀影能力。

「賴勇」讓我察覺《孤星淚》中警員 Javert 面對恩義兩難存時的孤單，《惡人》中光代那種延續罪惡的寂寞，《饑渴誘罪》中尙賢神父自我毀滅時的心境，《比海還深》中良多在夢想破滅後的輕省等等；賴勇寫影評時所展露的洞察能力，相信與他深厚的哲學及文化研究根底有關。

沒有去計算與賴勇認識了多少年，反正是很多年，記得他申請接受水禮時，小弟及一些教會執事需要向他查問信德，那時知道他在大學是讀哲學的，於是在問完一般關於水禮的問題後，小弟這樣插問：「有人認爲宗教語言是沒有認知意義的，念哲學對你的信仰有甚麼影響？」賴勇給出了一個使我很深刻的答案，他說：「讀哲學使我更謙卑。」自那天起，就感到賴勇是一位很可愛的年青人。

「賴勇」完成博士課程後，作爲他忠實的讀者，我鼓勵他將文章整理及集結出版，立石爲記，在學術生涯的路上作爲一個感恩的祭。

唐偉權
前基督教宣道會葵芳堂堂主任

周序 /

文字表面上是平面的，要將螢幕上的光影流聲、故事的立體演繹、人物角色、場面調度，配樂、剪接等 …… 壓成扁平，卻不是將電影還原成為劇本，而是以一個嶄新的文字面貌，用觀者的角度發掘出電影背後的層次，提出問題又嘗試有理有據地解答，這就是一篇好的影評厲害之處。

賴勇恆博士精選了三十多齣電影，題材從荷里活的英雄動作，到日本的家庭倫常，以至港產的驚悚懸疑等等，以細膩的文觸，將其中涉及的人性問題及掙扎抽絲剝繭，讓讀者一窺光影背後的深層想像與醒悟。

香港教育大學基督教信仰與發展中心成立的願景之一，乃以基督信仰角度，了解世界經濟、社會、文化、道德及心靈議題。今次出版，有幸與賴博士合作，在普及文化與基督信仰反省戰線上留下一鱗半爪，至為感恩。希望讀者能在觀影與娛樂之外，對自己與世界有新的發現，在靈性旅程上有多一點亮光。

我們又請中心同工爲部分電影製作教案範本，供學校高中級別使用，深信宗教科或生命教育科老師，以至教會牧者、導師，能借此舉一反三，以電影分析作爲靈性教育的素材，在未必有太多思辯空間的學校應試課程之外，能與年青人一同探討生命的眞諦，在各種人生抉擇及倫理議題上，找出眞理和意義。

周鴻奇
香港教育大學健康與體育學系健康與運動科學講座教授
博文及社會科學學院副院長（研究及研究課程）
香港教育大學基督教信仰與發展中心總監

自序 /

很多信徒使用靈修書籍作屬靈操練和信仰反省的工具。靈修文章可說是一種文學類型，是屬靈操練的其中一種媒介。既然在文學之外，其他媒介如音樂和聖像畫也可應用於此，那麼看電影是否也可被當作一種靈修的方法呢？我們可否在電影中踏上一段天路歷程？

這段探索歷程的開端，是多年前的事。

十五年前，我放下了青年工作的志願，重新探索人生路向。受到突破機構「文化救贖」異象的啟發，我專注於文化和信仰兩大範疇，並開始持續地寫作。因為深感學問不足，我計劃重返學院，只是需要抉擇：應該去唸神學，從中鑽研信仰與社會文化的關係，抑或去讀文化研究，再思考信仰在這個世界中的位置？

結果我報讀了香港大學的文學與文化研究碩士課程，在畢業論文以甘小二導演的作品為主題。在中國電影中，很少導演像他這樣，專門以基督教為主題。感謝香港大學比較文學系丘靜美博士接納

這樣的題目並給予細心的指導。這次經驗不單讓我初嘗學術研究的滋味，也讓我開始探索一條「在文化理論與基督信仰之間對話」的道路。因此在本書附錄中，收錄了一篇介紹甘小二的文章。

那些年，我有另一項在禱告中念茲在茲的事情，也分不清是個人願望還是呼召：祈求上帝帶我到一個更廣闊的世界，見證祂的作為和美善。因為各種客觀條件的限制，我並不是一個常常外遊的人，更遑論出國留學，於是書本和電影都成為了探索世界的窗口。多年以後，在神的奇妙恩典之下，我在英國完成了電影研究博士課程。反諷的是，當研究生那幾年正值疫症蔓延時，封城之時，足不出戶，正好宅在家中寫作。

少年時，我祈求的是向外探索的機會；後來我漸漸意識到，心靈內在的探索更重要。電影不單是讓人觀看世界的窗口，也可以展開內在探索的路徑。觀影的體驗向著世界，書寫的經驗則朝向內在。很多引起我興趣的電影，並非那些最後提供簡明答案的典型福音電影，反而是產生疑問的電影，因為問題往往比答案更易帶

來思考的動力——「尋找」與「叩門」的動力。

在靈命成長的漫長路上，感恩有我的牧者唐偉權博士同行。這本書得以成事，仗賴他的鼓勵和幫忙。他是合著作者之一，以信仰反省的問題回應我的影評，和我一起探索，怎樣把看電影化為一種屬靈探索的方法。

另一方面，我也要感謝香港基督徒學生福音團契及當年負責中學部的同工具瑩和 Daniel，因為他們給我機會在其刊物《Catch》中開始撰寫電影專欄，以學生信徒為對象。這是我人生中第一個電影專欄，本書其中一些文章就是出自《Catch》。為此我也要感謝曾提供協助的歷任編輯 Carol、綺華、阿雪和 Gigi。

本書大部分文章出自基督教刊物《時代論壇》。這專欄容許我以寫給普羅大眾的筆調來評論電影，不須刻意加入「信仰元素」。有趣的是，後來我和編輯談好條件，讓我書寫那些並非近期上映的電影，甚至是一些數十年前的老電影，或一些難以找到方法觀

看的冷門電影，但它們都是有關信仰的思考或疑惑。感謝一直提供協助的編輯 Andy 及清心。也感激《時代論壇》社長任志強博士為此書賜序。任博士在愛丁堡大學完成的博士論文就是有關電影與信仰的，他是我的啟發者之一。還要感謝香港教育大學基督教信仰與發展中心各位同工——尤其是中心總監周鴻奇教授及中心主任岑樹基牧師——給予這個出版機會並提供全面的支援。

最後要感激我的畢生摯愛、我的太太阿雪多年以來在生活、工作和屬靈路上的陪伴與協助。

感謝主。

導言 /
以電影作為生命與價值教育的起點

好的電影除了能帶來娛樂，也是一個動人的故事，就算是虛構的，其中的故事情節，必定能與觀者個人生命經歷產生點滴共鳴，讓人有機會檢視自己內心的價值觀、渴望及關注，藉代入角色面對的人性掙扎，在困境中要作的抉擇，最後或因被感動而產生行為甚至人生觀上或多或少的改變。

學界在教學中以電影內容作為生命教育、價值教育以至宗教教育的素材，仍然未算普及。幾年前，有辦學團體就曾以「賞『析』電影，探索人生── 以電影為媒介傳遞價值教育」先導計劃，獲優質教育基金資助（計劃編號：2014/0725），推廣這方面的嘗試，成效斐然。老師經過培訓，掌握運用電影教學技巧，透過專業成長及同儕交流，能繼續發展電影生命及價值教育教材的能力。

在精心的教學設計下，電影能穿透螢幕，如本書封面設計一樣，吸引人作生命以至信仰上的醒悟。本中心特別從作者的電影選單中，精選幾齣編製成教案範本，供老師或教會青少年導師使用。盼望教案能為本書增值之餘，使觀影與教育能有更結實的交碰。

岑樹基
香港教育大學基督教信仰與發展中心主任

目錄

第二部 悠悠朝聖路

第一部　受與罪

靈程光影
穿越電影世界的心靈行旅

《星聲夢裡人》
愛情路上的步伐與目光

《星聲夢裡人》（La La Land）給我們上了一次愛情課：為甚麼有些愛侶只能渡患難而不能共富貴 —— 即使雙方都不是負心人？關鍵是兩個人能否步伐一致。《星》以歌舞類型為載體，不只為了懷舊，而是以舞蹈的合拍比喻個人夢想與愛情的同步。男女主角來到荷里活，都是對演藝工作懷抱理想的追夢者，追夢可讓他們相濡以沫，也可使其仳離。換個說法，關鍵是你我的目光能否保持一致。

追夢、演藝和愛情都關於目光：夢想關乎自己怎樣看自己；演藝關乎眾人怎樣看自己；愛情則在於你怎樣看我、我怎樣看你。

演員 Mia 和爵士鋼琴手 Sebastian 在各自的事業低谷中相遇。因爲他們的夢想就是演藝，自己看待自己的目光，就在於觀眾的目光，但他們都缺乏觀眾，都是零，所以是同步的。別人的目光都不存在了，他們成爲對方僅有的觀眾，眼中只有你和我，愛情便從中發芽。這是春天。

後來 Sebastian 願意對現實妥協，換來事業發展，也預期爲雙方的長遠發展累積經濟基礎。這是夏天。然而，演藝事業發展的步伐不同，作息時間也不同，從前你眼望我眼的時間換作更多獨守空房的時間。一人萬眾矚目，另一人形單隻影；在演藝路上，眾人的目光所影響的不只是 Sebastian 看待自己的目光，更影響了他如何看愛人的目光。一個人放棄夢想的時候，就是不再像以前那樣看自己之時；愛情消逝的時候，就是「你我怎樣看對方」和「我們各自怎樣看自己」不再一樣之時。

秋天來了。有些人會認爲 Sebastian 所作的都是務實的，放下了原本「純粹的爵士樂」夢想，最少能賺錢讓 Mia 繼續努力，等待機會。但原來那不是重點，最少對 Mia 來說不是 —— 那務實的想法只是從旁觀者的目光出發。關係破裂的時刻始於 Sebastian 說了傷人的話：「其實你不想我發展，因爲那樣你會好過一點。」若愛情在於你和我怎樣看待對方，Mia 沒有說出口的回應就是「原來你這樣看我（這樣看你）！」本來完美對接的目光錯開了。確認破裂的時刻則是 Sebastian 爲了他自己也厭惡的工作而失約，

沒去看 Mia「盡地一煲」的自資舞台獨腳戲。謝幕完場之時，觀眾席上的燈光亮起，迎接 Mia 的是雙重的失望：一是現場觀眾太少，自資製作要蝕大本；二是他並不在她最在乎的人的目光之中。對 Sebastian 來說，觀眾的目光使他與愛人之間的目光變質；對 Mia 來說，她希望愛人的目光就是觀眾的目光，並與她看自己的目光融合。但事實不是這樣。

黃葉碎落，秋去冬來。Mia 與 Sebastian 分開五年，各自達成了夢想，而前者已組成了自己的家庭，跟丈夫偶然闖入了 Sebastian 夢想中擁有的爵士俱樂部。二人相顧無言，Sebastian 只能以其定情的傷感小曲抒發：如果可以再來一次，我一定不會讓你走。

《星聲夢裡人》雖是歌舞片，但導演沒有以歌舞表現出大部分的情節和對白，很多場景仍是一般的戲劇。主角的歌藝不算十分出色，但感染力不錯。總括而言，主角演戲的表現優於舞蹈，再優於歌唱，表現形式其實是有所分工的。普通演戲的部份傾向寫實，而歌舞的時刻表現夢幻。歌曲更多用於表達個人心聲，舞蹈則強調人與人之間的協調同步。電影有兩場重點歌舞場面，一首一尾。開場的長鏡頭車龍歌舞，既向半世紀前的歌舞片黃金時代致敬，也表達了主角往荷里活追夢的動機和故事主題。結尾一場，Sebastian 的定情小曲一響起，就接去一氣呵成的連場舞蹈，那是幻想中的平行宇宙：若果 Sebastian 拒絕向現實妥協的事業，換來 Mia 先被賞識，最後結婚生子，並在這一天來爵士俱樂部，

坐在 Mia 身邊的便會是他。片尾的歌舞有別於片首一場實景一鏡直落，而是把多種視覺效果混合起來的蒙太奇，同樣一氣呵成，但更華麗眩目，如詩如畫，如太空漫遊。這一段有舞無歌，個人的聲音讓位給一致的步伐，華爾滋就如行星與衛星的旋轉運動。如果可以再來一次，如果，但是「我們回不去了。」

導演讓歌舞的部分與戲劇部分並存，凸顯了歌舞作為幻想的特性。理想、演藝和愛情的步伐一致，個人、眾人和情人的目光融合為一，這就是終極的夢。夢幻十分重要，雖不現實，卻讓真摯的情感置身舞動。即使是遺憾，遺憾仍能發光。你看見的星光早已過去，但星光確實發生過。

\ 默想反思 /

1. 情侶在事業發展、夢想實現上的步伐不同步，是對愛情很大的挑戰嗎？你認為在這境況中能夠保持關係的關鍵在哪裏？

2. Sebastian 願意對現實妥協，換來事業發展，但他看侍 Mia 的目光不一樣了，愛情就消逝；如果有一種目光，能夠永遠一致地珍視你，不受你的境況所影響，你渴慕這樣的注視嗎？誰能如此待你？

3. 若追夢、演藝和愛情都關於目光；那麼信仰的核心，是關於你如何看上帝，上帝如何看你嗎？你怎知上帝如何看自己？

教案連結

《孤星淚》（Les Misérables）

| 2012 年 | 158 分鐘 | 英國 | 音樂劇電影 |

Jean Valjean 因偷麵包而被判苦役，後來逃脫並改名換姓，多年後成爲社會賢達，並收養了孤女 Cosette。警察 Javert 識破了 Jean Valjean 的身份，多年來一直追捕他。Cosette 長大後遇上革命者 Marius，在動盪的時代墮入愛河。

《孤星淚》
苦罪世界中孤獨地愛

誰是《孤星淚》（Les Misérables）裏的孤星？那應該是指小女孩 Cosette —— 電影和舞台劇的海報都以她的頭像爲重點。

但 Cosette 到底不是孤兒：母親 Fantine 甫死去，就有 Jean Valjean 收養了她；到養父逝世，她已爲人妻。說到「淚」，這女孩也像公主多於「孤星」 —— 她身邊的人都把其不幸轉嫁到自己身上：母親賣身作妓，養父棄保潛逃，都是瞞著她自己承受著罪咎，好讓她繼續無知又安樂地生活下去； 愛人 Marius 更是國家叛賊，願爲民捨命，Cosette 當然也是其「民」之一。就算最不討好的 Thénardier 夫婦，也不見得有虐打變童這些惡行。

若 Cosette 真是「孤星」，就是讓身邊人都遭逢不幸而自身無恙的「天刹孤星」，是「孤星累」，連累的「累」。她不是電影主角，而是帶動其他角色的行動和情節進展的「麥高芬」(MacGuffin)。故事的主題是愛，Cosette 卻幾乎只是被愛的對象，其他角色才是愛的主體。

換轉角度，若「孤星」可泛指孤獨寂寞的心靈，戲裏的主角都是孤星，從而呼應故事的原名「悲慘世界」：人世中，眾生皆有其必須獨自面對的重擔。Fantine 命途多桀，縱然美貌卻遭逢負心郎的拋棄、好色工頭的騷擾、其他女工的嫉妒排斥，繼而淪落風塵，削髮拔牙賣身，都為了賺錢養育女兒 Cosette，卻不能讓女兒知道自己在做甚麼工作；Marius 得 Valjean 相救，幸也不幸，革命同志皆成烈士，觸景傷情空餘恨；Éponine 則默然單戀，投槍犧牲既為革命、更為夢中情人；連警察 Javert 也是孤獨者——他自問頂天立地，禱告立誓捍衞法律，最後卻放走追趕半生的 Valjean。恩義兩難存之苦，似乎只有繁星才明白。

主角 Valjean 似乎比其他人都更孤獨，因為他連自己的名字也要隱藏，充滿罪咎的過去不堪回首，不獨要瞞騙世人，連自己

也要疏遠自己。我是誰？編號「24601」之逃犯？富翁兼市長 Monsieur Madeleine？修道院的花王？Cosette 眼中的慈父？還是穿著軍服投奔革命軍的臥底？

或許他是命運的無間道：「明明我已晝夜無間踏盡面前路，夢想中的彼岸爲何還未到」？誰可成聖？軟弱的罪人！娼妓！賊匪！叛國者！本以爲 Valjean 獲神父赦免，還加贈額外恩典，在十架面前掙扎禱告之後，已蒙救贖。不然，即使他放下了向世界報復之雠怨，轉向基督立志爲善，卻踏進了另一個泥淖 —— 棄保潛逃，改名換姓，卻始終是罪犯 —— 即使他發達之後，爲免無辜者受屈，他連市長也不當了，工廠也不要了，直認「我是誰？24601！」他卻沒有乖乖坐牢，而是遠走高飛。法制上有 Javert 之類依法而治，窮追不捨；社會上他需隱瞞自己的過去，以至父女之間也生隔閡；心靈上，他更是揮不去罪咎感，擔子重得連這大力士也打垮，這一關可比 Javert 更難過。所以他最後還是要向未來女婿坦白：「我是罪人！」

這是關於愛的故事。上帝最愛哪些人？罪人！所以在天堂口迎接 Valjean 的不只有神父，還有當娼的 Fantine，之後就是叛逆作亂的革命者們。反而問心無愧，可昭日月的勇探 Javert，卻不見蹤影。

在《孤星淚》的世界裏，愛和罪相連，悲慘世界亦與恩典世界共生。心念幽微之處，可有生死之別。根據世界的法則，背靠政權

和法律的 Javert 從來都在強勢，而苟且偷生的 Valjean 則是弱勢；但這故事卻投射出另一個世界的法則：愛能消融罪，致使 Javert 變得脆弱不堪，Valjean 卻罪人成聖。

分別是甚麼？Valjean 看著自己的罪，但為了愛其他人而活；Javert 看著自己的義，只為了別人的罪而活，卻無法面對自己的罪，竟也不能面對愛！他窮追 Valjean 是盡忠職守，放過 Valjean 也是知恩圖報。他經歷了「被人寬恕也寬恕別人」的恩義，卻饒不過自己 —— 他要不犯下法律上的錯，要不犯下道德上的錯。兩難之中，他看不見恩典所在，無法接受愛對罪的超越 —— 自義者無法面對自己的罪，只能投進靈魂深淵之中。

悲哉 Javert ！

\ 默想反思 /

1. Valjean 是孤獨的人，隱藏名字，代表連自己也要疏遠自己，你感覺他享受孤獨嗎？若你是他，可以如何解決孤獨？

2. Javert 最後放過 Valjean，無法面對沒有盡忠職守的自己而自殺，自義者無法面對自己的罪，不能饒恕自己；但自義本身是罪嗎？為甚麼自義的人，寧願自殺，也不願意接受恩典？

3. Cosette 的角色，能夠引發週遭人物的愛心，成為被愛者，讓愛者的愛心得到成長及落實；然而，在一段愛的關係中（友情、愛情、親情等），若要穩固的話，是被愛者夠可愛，還是愛者的愛心夠大？哪樣較重要？

教案連結

靈程光影
穿越電影世界的心靈行旅

《我兒子是惡魔》（We Need To Talk About Kevin）

| 2011 年 | 112 分鐘 | 英國、美國 | 劇情、驚悚 |

儘管 Eva 看著兒子 Kevin 傷害別人的言行越來越過份，但她仍然努力愛著他。終於 Kevin 犯下了滔天大罪，使 Eva 成為鄰居仇視的對象，被迫承受著沉重和可怕的後果。她一直努力當個好媽媽。她做錯了麼？

《我兒子是惡魔》
愛那不可愛的

有些人天生便是邪惡的嗎？《我兒子是惡魔》/《凱文怎麼了》(We Need to Talk About Kevin) 裏的 Kevin 看來天性邪惡 —— 他殺死了自己的父親、親妹和同學，只為了成為新聞人物。

根據《4% 的人毫無良知，我該怎麼辦？》(The Sociopath Next Door) 這本書所述，Kevin 似乎是那些擁有「反社會傾向」的人：缺乏同理心，就像色盲者看不到顏色那般，天生缺乏一種觸覺；他們不會憐憫、不會同情，但懂裝出來騙人；個別例子則充滿魅力，擅於操縱別人，甚至煽動別人做出可怕的事 —— 例如希特拉。Kevin 從未懂說話的時候就專門與母親 Eva 對著幹，挑戰她

的耐性。他很會做戲，對著父親十分友好，與別的孩子無異。母親說這兒子頑劣，父親認為是 Eva 有問題，二人在 Kevin 長期擺弄之下，決定離婚。他也喜歡看著別的生命受苦，欺凌弱小 —— 首當其衝的就是家中天真的妹妹。

不，有人會說：「不會有人天性純粹邪惡的，一定事出有因。」

母親的淚流下來。

「孩子才十多歲，難道當母親的沒責任？」

母親欲哭無淚。

電影從 Eva 的角度出發，在兒子殺人後開始敘述：她要重新過活，在鄰人的仇視之下獨居，又要適應新工作；在家裏用酒精送服抗抑鬱藥，仍壓制不住那可怕的回憶。也許她也想弄清楚，究竟因何作那些孽 —— 兒子啊兒子！你出生前的可愛日子！Eva 本是旅行家、作家，逍遙快活。有一天她決定跟男友結婚產子，挺著大肚子，卻擠不出笑容。後悔嗎？兒子一出生就跟她作對，以哭聲作武器。

Eva 一直勉強著自己，從強顏歡笑到忍不住跟兒子抱怨「以前我過得快活；現在我每朝醒來都但願自己在法國！」聰慧敏感的

Kevin 有一天終於坦言，他知道母親並不鍾愛他，她所做的一切只是出於母親的責任。Eva 愣住了，沒有否認。

人都說母愛是最偉大的，「天下間沒有不愛孩子的母親」，但這電影的創作者就是要質疑：若果眞有母親不愛兒子怎麼辦？有的觀衆認爲 Kevin 之所以缺乏人性，主要責任在於 Eva，因爲她從懷孕時就不愛兒子，她心裏不捨以前周遊列國的生活，負面的情緒早透過臍帶傳送給胎兒，因此 Kevin 天生就沒有愛，也感到母親的照顧和關懷只是出於責任，終於成魔。

慘劇之後，Eva 獨居的家老被人潑紅油，她清理了一次又一次，雙手彷彿染著血。「是因爲我嗎？」她夜夜無眠。受害學生的母親在街上碰見她，會惡意報復；但被 Kevin 害得半身不遂的學生，卻會移著輪椅向 Eva 問好。也許青少年正在確立自我的時期，傾向把人的行爲歸因於個人意識；當母親的，卻深信父母對孩子的影響，因此 Kevin 幹下滔天大惡，Eva 必罪不可免 —— 何況她還傾盡家財爲這冷血少年上訴呢！

Kevin 之惡毋庸置疑。但 Eva 眞的不愛她的兒子嗎？也許很多觀衆都有「俾我個仔係咁，就大巴大巴摑落去」的想法。Kevin 家境富裕，也不能說沒有家庭溫暖。父親時常送他玩具，一下班就跟他玩耍。Eva 放下了自己的旅行家事業，勉強自己作一個主婦；她比出外工作的丈夫花更多時間照顧孩子，沒有聘請傭人代勞。

愛包括了情感，也包括行為表現。

Eva 對兒子缺乏愛的情感，但她很努力去當一個稱職的媽媽。兒子的對抗表現使人疲累、喪氣，愛的情感就算生出來也很快被扼殺掉。有一天，Kevin 病倒了，在床上竟依偎著母親說故事，Eva 好不高興 —— 改天 Kevin 卻回復冷酷嘴臉，如整個北冰洋的海水往 Eva 頭上傾瀉。

耶穌說，要愛仇敵。誰是仇敵？與你對抗者，使你生出讎寇之感，就是敵人。愛仇敵，其中一種可能，就是即使勉強自己，也要去好好對待仇人，以至於捨己。Eva 最大的錯誤也許就是決定生孩子 —— 她明明是那麼一個愛好自由的人。但她為了 Kevin，逼自己改變，那就是捨己。

「沒有鍾愛之情卻出於責任」不能說不是愛，只是這樣的愛太艱難，難至 Eva 要用十多年去學習捨己。直到有一天，Kevin 開始感到疑惑：自己為何要幹那麼多惡事？ Eva 終能緊緊地給他一個擁抱。

\ 默想反思 /

1. 「責任」與「愛」是對立的嗎？為責任而作的就不是出於真愛？還是可以因愛而承擔責任，或因責任而付出愛？你有甚麼看法？

2. Eva 縱然心裏不捨以前周遊列國的生活，出於責任地努力去當一個稱職的媽媽，而她比出外工作的丈夫花更多時間照顧 Kevin，你認為這是愛的表現嗎？若被愛者完全接收不到，在這種情況下，是母親需要改變愛的表達，還是兒子要學習解碼（decode）別人的愛心？

3. 「『沒有鍾愛之情卻出於責任』不能說不是愛，只是這樣的愛太艱難，難至 Eva 要用十多年去學習捨己」；我們可以如何學習捨己？

《彌撒》（Mass）

2021 年	111 分鐘	美國	劇情

一宗校園槍擊案死了十一人，六年過去，死者的父母仍活在傷痛中。當年的槍手在行兇後自殺，他的父母 Richard 和 Linda 一直經歷著哀傷、內疚以及死者親屬的仇恨。他們被邀請到一家小教堂與其中一個遇難學生的父母 Jay 和 Gail 會面。這次會面無關法律訴訟，而是讓雙方互相訴說與聆聽兩個兒子的故事，並尋求和解 —— 在駭人的暴行之後，這還可能嗎？或者問：爲甚麼遭受深刻創傷的人需要寬恕別人？

《彌撒》
擁抱與復和爲何這麼難

校園槍擊慘劇是美國一直無法擺脫的夢魘，引起了槍械管制的政治爭議，亦涉及青少年精神健康和電子遊戲的暴力元素等議題。雖然《彌撒》（Mass）也透個兩個父親的口提及這些社會文化因素，但這些議題顯然不是故事重心，以免電影只是把各方言論塞進角色的口，失去了戲劇性和人物的血肉。

故事時間的設置點提示了社會和政治等宏觀因素不是這齣戲的重

心，因爲事隔六年，昔日傳媒和政界的關注都已漸消散，但縈繞不去的傷痛才是目前需要處理的。Gail 作爲苦主，希望能原諒槍手的父母，從而釋放自己。若能放下，也可以挽救婚姻 —— 她和 Jay 的關係因爲喪子而變得疏離。

然而人心肉做，寬恕很難。對話開始時，雙方都努力保持得體和克制，但他們終要挖進內心最黑暗的空洞處，才能處理未了之事。Gail 和 Jay 本來處於互相平衡的狀態，提醒對方這次會面的目的是了解而非責難。但他們各自有情緒爆發的時刻，坦言其實想看到對方（槍手父母）內心受苦，而非容讓事過境遷或自我接納。

我們可以理解這種情緒背後是渴望公平：爲甚麼我們作爲苦主這麼痛苦，你們作爲兇手的父母卻比我們更輕省？Richard 和 Linda 最深切的感受，也許只有他們自己才能眞正了解。他們自責，但也認爲在兒子的養育過程中已盡力做好；Linda 內心試圖把自己所愛的孩子和一個犯下瀰天大錯的人分開，Richard 則歇力保持冷靜。其實他們也是一直受苦的，同樣經歷喪子之痛，只是同時要承受其他人的恨意和排斥。

雖然電影絕大部分篇幅只是四個人在一個小房間裏對話，但各人的個性差異、情緒變化及人際互動，在演員的精湛演繹下，能打動觀眾並投入其中。Richard 的神情語調有一種抽離的感覺，不知是冷靜還是冷漠，令人感到不安，但他也有忍不住眼淚的時刻。

Jay 一度嘗試用社會文化及心理學的角度去了解對方如何養育孩子，彷彿對悲劇找到理性化的充份解釋便能緩減傷痛，其實是緣木求魚。

轉捩點是兩位母親分享自己兒子的故事，最初是應對方的要求，促進互相了解，結果打開了一個自我梳理的窗口，對自己的兒子及母子關係有新的感受。Gail 憶述兒子少年時令她「又嬲又好笑」的趣事，領會到雖然他沒機會幹一番事業，總算活出了人生意義。這讓她終於踏出寬恕的一步。Linda 在告別後折返，說出潛藏心底的舊事：兒子曾向她作出暴力威嚇，所以她有機會在慘劇發生前先親身體驗兒子的「眞面目」。Gail 上前給她擁抱，接納她的軟弱 —— 其實 Linda 也是潛在的暴力受害者。

故事場景設在一座聖公宗教堂的房間裏，牆上掛著十架耶穌像，窗上的一塊仿彩色玻璃裝飾看來像碎了的心。片名暗示了這場對話的救贖性，主人公彷彿經歷了一場彌撒。敘事結構顯出宗教儀式的特性：在開場和結尾加入聖樂，在活動過程中述說尋求眞相與復和的話語。彌撒中的聖餐禮重現基督的最後晚餐，讓信徒體驗基督的犧牲之愛，成就神人之間及人際間的復和。

導演 Fran Kranz 受 2018 年的柏克蘭高中槍擊案所觸動，並受南非的眞相與和解委員會啟發。公義很重要，而在這場對話中，導演探討的是修復式正義而非以牙還牙的懲罰性公義。這裏的處境

是，兇手和受害者都已不在人世，重心轉移向他們的親屬的情感流動及心靈需要，沒有陷進抽象的辯理中。

雖然這種單一場景、倚賴對話的電影予人一種劇場化的感覺，但導演在攝影及剪接等方面都暗暗地花了心思，藉著電影媒介的特性令觀眾投入這場對話。不同於劇場空間，電影在狹小室內以中、近鏡頭拍攝，拉近了觀眾與人物的距離。鏡頭的穩定性隨著角色的情緒轉變，從固定位置不經不覺間轉換成手搖鏡頭。畫框比例在 Jay 情緒爆發後也改變了，使用了寬螢幕變形鏡頭拍攝，顯出視野的變化，扁長的畫面加強了人物勾起傷痛之後的壓力。

畫框比例的變化亦配合了空鏡的運用和剪接，表達 Jay 的心理活動。教堂處於山谷，外邊有一片荒蕪的草原。當 Gail 和 Jay 還未準備好進入教堂之時，他在細小的汽車倒後鏡中看著這片草原，若有所思。後來當他情緒爆發之時，導演卻插入數秒草原的空鏡（扁長畫框），刻意的抽離避開了言情劇的煽情套路。回到對話現場，畫框比例也回復了，但後來則全改成了扁長的畫面。畫框和草原象徵了 Jay 的心境變化，是心靈迴旋歇息的空間。

＼ 默想反思 ／

1. Gail 和 Jay 還未準備好進入教堂之時，他們在細小的汽車倒後鏡中看著教堂外那片荒蕪的草原，若有所思，他們會想甚麼？ 如果是默禱，他們各自有甚麼要告訴上帝？

2. Gail 和 Jay 都經歷喪子之痛，然而，電影取名《彌撒》，也提醒觀眾，經歷喪子之痛的也有上帝，每一次彌撒都是重現及奉獻主耶穌的受死；Gail 和 Jay 的對話，哪些地方幫助我們更明白上帝喪子之痛？

3. 會談的轉捩點是當兩位母親言說自己兒子的故事，他倆就成爲有血有肉的人，是被媽媽疼愛的「被愛者」，而並非標籤爲「施暴者」與「受害者」；當我們發現「施暴者」是「被愛者」的時候，而且是被上帝所愛，這能夠幫助我們去寬恕嗎？要愛上帝所愛那不可愛的，難處在哪裏？

《千里伴我尋》(Philomena)

| 2013 年 | 98 分鐘 | 英國 | 劇情 |

愛爾蘭老婦 Philomena 最後的心願，是尋回失散五十年的
兒子。她在五十年前未婚懷孕，在修道院受監管，誕下兒
子後卻被迫將他送予他人收養。她一直想尋找兒子的下落，
最終在一位英國記者的幫助下，一起前往美國尋找答案。

《千里伴我尋》
寬恕與放過自己

基督徒相信教會要在人世間承傳基督的使命，要作世上的光。人
人「發光」的方式不同，「狂者進取，狷者有所不為」，有些人
的道德心很強，又是「狂者」，會設法讓眾人都遵守道德而行。
有些人道德心也很重，卻不怎麼進取，只求謹慎儆醒。但人誰無
過？所以這類人心裏常存罪咎感。比較起來，教會中的狂者往往
比狷者「更光」。

按以上的比喻，《千里伴我尋》(Philomena) 的女主角
Philomena 是個心地善良的「狷者」，心底裏的秘密埋藏了半世
紀，罪惡感令她久久無法釋懷；處於 Roscrea 的修道院則是一個

道德城堡，當中的 Hildegard 修女「進取」地賞善罰惡，矢志不渝；而男主角 Martin 是個離教者，他是從光明走到黑暗者。然而《千里伴我尋》這故事卻對以上預設的角色定位作了一次「乾坤大挪移」：修道院才是黑暗之源，修女們貪財、無情、虛偽；Martin 是一個平常人，剛從政界碰了一鼻子灰，不怎麼正直仁慈，但當其道德底線被觸碰時仍會惱怒；而真正的光輝卻來自 Philomena 這個軟弱的老人。

Philomena 少女時糊裡糊塗被人搞大了肚子，父親把她丟在修道院。因為她「犯了罪」，修女把她和其他「問題少女」都視為奴隸般對待，要她們終日困在洗衣房做苦工。當中未婚產子的，一周祇有一小時與孩子相聚的時間，直至孩子被賣去。對於修道院來說，那不是不人道，因為那些「淫亂的女孩」理應受苦。換言之，他們要建立的並非地上的天國，而是人間之煉獄。有些女生難產死了，或嬰孩夭折了，便葬在修道院旁的墓園，密密匝匝地佈滿了欠缺粉飾的墳墓，任由雜草遮蔽亡者之名，無人記念。

Martin 為了重返傳媒行業，接受 Philomena 的委託，協助她找回五十年前被賣走的兒子 Anthony 的下落，並賣出一個好故事。他們回到那修道院，不是追究，只是想得知孩子被哪戶人家收養了。但年輕的修女說，有關孩子的紀錄被一場火燒燬了，但偏偏那些年輕母親「自願」放棄問責權利的合同卻被保存下來，藉以打發他們離去。後來他們得知，很多修道院的孩子都被賣到美國

去，便毅然越洋尋人。

這齣戲故事曲折，卻不落俗套。福兮禍所伏，禍兮福所倚。編劇像不斷跟那些慣看肥皂劇的觀眾開玩笑，某些情節彷彿朝著觀眾所預期的「戲劇性」方向發展之時（例如猜想原來兩位主角是母子），結果往往會使他們的期望落空。

Martin 和 Philomena 到了美國，找到了 Anthony 的下落——他事業有成，進了白宮工作，扶助過兩任共和黨總統。但 Anthony 原來是同性戀者，後來染上愛滋病，已逝世多年。

What? 戲才演到一半，這樣故事豈非無法繼續？

心碎的 Philomena 在機場等待航班回家，Martin 卻被編輯強迫要繼續採訪。但不等 Martin 使計強留，Philomena 便轉了心意要留下，希望能探訪兒子的親友，但求一個答案：他有沒有像我每天想念他那樣想念我，和想念家鄉愛爾蘭？

Anthony 的愛人告訴他們，其實 Anthony 從未忘記故鄉，更曾回到修道院找尋生母的蹤跡，但修道院同樣回應「資料已被毀」，更撒謊說 Philomena 當年是主動丟棄他的，使他在遺憾中死去，只讓他葬在那裏的墓園中。所以兩位主角兜了一個大圈，回到起點。

這時故事的方向又再轉變了，旅程的終點先從「母子相逢」轉為

「遊子思鄉」，再變爲「取回公道」。

修道院一直以來只是無情地壓榨別人以牟利，用計使詐免人追究，可見其心虛 ── 最少 Martin 是那樣想。他直斥其非，Hildegard 老修女卻毫無悔意：「只有上帝才能審判我！」這時候劇情又再一扭 ── 原來 Philomena 並不是來發義怒的。

她對 Hildegard 修女說：「我寬恕你。」Martin 又上了一課，正打算放棄「追究」時，老人家卻說，這報道要寫出來，讓人知道發生過的事。

《千》不單情節豐富，兩位主角的互動也令故事充滿生氣。Martin 是國家精英，在他眼中 Philomena 是無知婦孺，但其實是個「聖愚」。信仰的光輝並不來自有權力和知識的精英份子，那些驕傲、僞善的人。Philomena 坦言寬恕並不容易，因爲她多年來被教導她理應負擔著罪咎與痛苦，因而無法領受救恩。她沒有經歷「被寬恕」，如何能寬恕人，直至她在美國一所教堂準備告解之時，驚覺她的內疚早已不應存在，才放下心頭大石。

老修女說只有上帝才能判罪 ── 但憐憫與寬恕別人，卻是凡人可以做的，老修女卻不爲之。這樣的宗教實踐或許是令 Martin 不再信神的原因，但 Philomena 卻讓他在一片灰霾之中，看到一點信德之光。

\ 默想反思 /

1. 要理解修院爲何有如此大的權柄，相信必須從天主教「補贖」的觀念來看，就是人犯罪後，在十字架的救恩下，可以認罪悔改，上帝就按祂的慈愛及應許，必然赦免，但犯罪者仍需爲自己的行爲向上帝作出賠償，這不是因行爲稱義，而是補償受損一方的合理要求；至於決定以甚麼事情作爲補贖，則由神職人員主導，在電影中則是 Hildegard 修女；對基督教來說，救贖補贖都由耶穌基督完成，人無法參與賠償上帝；人若能在犯罪後作點事情去彌補，是否較容易處理內疚？但 Philomena 已經作了這麼多，爲何罪疚感仍揮之不去？

2. Philomena 對 Hildegard 修女說：「我寬恕你。」但 Hildegard 修女毫無悔意，亦不知罪；寬恕可以在犯罪者認罪之前嗎？爲何寬恕這麼難？Philomena 最後是如何能做到的？

3. Martin 知道了修道院無情地壓榨別人以牟利，用計使詐免人追究，Hildegard 老修女毫無悔意；另一方面，亦目睹 Philomena 寬恕 Hildegard 所展露的人性光輝；俗世中往往兩者並存，你認爲他會重新親近上帝，還是更遠離上帝？你認爲甚麼因素會影響人朝不同的方向走？

《使徒保羅》（Paul, Apostle of Christ）

| 2018 年 | 106 分鐘 | 美國 | 聖經電影 |

保羅歸信基督之前是一個無情的基督教迫害者，之後成爲初期教會的關鍵人物，最終在羅馬被尼祿皇帝處決。路加冒險進入羅馬城，與當地信徒群體聯繫，並探望被關押在黑獄裏的保羅。隱藏在城中的基督徒群體同時面對著逃走、留守或對抗的生死抉擇，更爲此爭辯起來。

《使徒保羅》
愛裏沒有懼怕

雖然耶穌死在羅馬帝國的十字架上，但帝國並無意將教會撲滅。直至公元 64 年尼祿登基，之後不斷整肅異己，大權獨攬，後來更對基督徒展開殘酷逼迫。使徒保羅被控以叛亂的罪名，被視之爲國賊之首，從耶路撒冷送到羅馬的監獄，直至被處決。電影《使徒保羅》（Paul, Apostle of Christ）就是在這背景中講述保羅所走的最後一段路程。

電影卽使難以全面再現史實，仍具體地呈現了當時羅馬基督徒的處境：基督徒被視爲危害國家的罪犯，被抓到後會被送到鬥獸場或被燒死。教會群體躲藏起來，大隱於市。Priscilla 和 Aquila

兩夫婦是這群體的領袖，待眾人如親兒。他們正處於惶惑掙扎的關口：羅馬暴政之下，應留守還是逃走？信眾之間並無共識。Aquila 認為事態惡劣，不得不逃生；Priscilla 則惦念著無法逃離的人：「羅馬黑暗，我們離開的話更黑暗。」之後路加醫生來到羅馬教會之中，教會領袖 Priscilla 和 Aquila 對應否留守有不同意見。

羅馬教會讓路加醫生探訪被囚的保羅，聽候其指示。但就如很多基督徒所經驗過的：上帝聽禱告，但不一定回應。所以，保羅也沒有答案。他告訴路加：當我向左，祂推我向右。他過去也有「我誤判、我愧疚」之時，但皆是為了基督。使徒在世，彷彿永遠都在打「逆境波」，總是在掙扎之中。這一刻保羅其實也難自保，獄卒隨時虐打；朋友疏遠使他落寞。但最折磨人的，是他始終擺脫不掉的「一根刺」。

保羅在給哥林多教會的信中提及「所以有一根刺加在我身上，就是撒但的差役來折磨我，免得我過於高抬自己。」（林後 12：7）那根刺是甚麼，一直未有定論。是肉體上的病患？一些無法擺脫的惡習或惡念？在《使徒保羅》中，這根刺被演繹為罪疚。

有甚麼比這根刺更加入骨入肉？當保羅還叫「掃羅」的時候，和尼祿一樣逼迫基督徒。他慫恿眾人殺死司提反，又向大祭師取得權柄追擊教會群體。一幕幕難堪的往事成了他糾纏不散的夢魘，

比羅馬人的鞭打更折磨人。若然基督的救恩浩大，保羅悔改多年，為何仍擺脫不了罪疚？這就是「刺」，教他知道自己的渺小——儘管有些人看他作神人。

第二次世界大戰的時候，希特拉要掌控德國教會，教會的回應出現了分歧，產生了「德國基督徒」與「認信教會」兩條路線，但並非忠奸對立；認信教會成員不是要推翻希特拉，只是反對政權主導教會；但 1934 年後，認信教會牧師即使只作信仰立場上的表態，仍逐一被拘捕，因為希特拉視他們為敵人；這一刻，他們或許更體會到保羅在馬梅爾定監獄中的心情。

電影還觸及到和平與暴力抗爭的問題。少年信徒被羅馬士兵打死，一些基督徒忍無可忍，決意劫獄。獄門打開，保羅卻不願離去，被回以一句「戇居！」有些人認為和平抗爭是弱勢之中的策略，有些人則秉持「愛與和平」為原則。保羅因「不能以惡制惡，必須以善勝惡」而不反抗，是愚拙、懦弱還是「膠」？保羅不守法，因為帝國的法律不比上帝的道重要。神的道就是愛，恆久忍耐、不計較人的惡。他讓路加為典獄長的女兒治病，典獄長心深感激，仍要覆行職責，把保羅送上刑場。他不畏死，何以懦弱？

當保羅的頭被擺在斬首台的時候，心中纏繞不去的景象再次浮現：司提反和其他被保羅逼迫至死的信徒走在路上。

當劊子手長劍一揮 —— 保羅這時才發現，司提反是在等候他，而等候他的，還有耶穌。同一時間，Priscilla 和 Aquila 帶領信徒離開羅馬，其他被捕的信徒則被送往鬥獸場。

要留還是走？無論如何，他們毫不懼怕，因為「在愛裏沒有懼怕。」（約壹 4:18）

\ 默想反思 /

1. 保羅信主前曾逼迫基督徒，電影描繪他一生面對揮之不去的罪疚，爲甚麼人原諒自己好像往往比神原諒人更困難？

2. 保羅讓路加爲典獄長的女兒治病，他能夠愛逼迫自己的人；這是因爲他能夠實踐主耶穌「愛仇敵」的教導，還是他從不把逼迫他的人當成仇敵，兩者有分別嗎？你要經歷甚麼，才能有這樣的愛心？

3. 如果你是當時羅馬教會一位基督徒，你如何決定離開或留守羅馬？除了個人處境，有甚麼信仰元素要參考？

靈程光影
穿越電影世界的心靈行旅

《大追捕》（Nightfall）

| 2012 年 | 106 分鐘 | 香港 | 警匪 |

殺人犯王遠陽坐牢二十年後假釋出獄，偶遇相貌跟當年死者極之相似的少女。王遠陽不由自主地跟蹤她。少女的養父死去，警官林正忠懷疑是王遠陽所為，卻發現案中有案。

《大追捕》
罪衍生罪

《大追捕》的宣傳以「警匪雙雄鬥智鬥力」的類型想像來吸引觀眾。但警察林正忠（任達華 飾）在故事裏，只是一個輔助性的角色，是一個沒有新意的「忽略家人之工作狂」、「依靠直覺之偏執狂」典型，在查案的過程中，功能性地扣連敍事，以及襯托首要主角王遠陽（張家輝 飾）的性格、心態和經歷。

王遠陽是個啞吧，曾因意圖強姦及謀殺罪而入獄二十年。當年的受害者徐依雲之養父，是歌唱家徐翰林。徐被殺害了，有人意圖毀屍滅跡，還是被警察發現了。林正忠懷疑是王遠陽做的，相信後者正威脅著徐翰林的幼女徐雪（文詠珊 飾），落力搜集證據把

王捉拿歸案，卻越覺疑點重重。徐雪跟她二十年前被害的姐姐相貌一樣，而王更屢屢留下不利自己之證據，牽著林的鼻子走，最後引來警察圍捕，竟是存心求死。

導演周顯揚和編劇杜緻朗延續了前作《殺人犯》的懸疑類型，與罪惡延綿衍生之主題。懸疑最後是爲了找尋眞相，從而伸張正義，罪惡之主題卻與之抗衡。《殺人犯》在橋段曲折上的心思弄巧成拙，劣評如潮；《大追捕》則調低了「扭橋」的野心，直接得更像電視肥皂劇，劇情關鍵以對白交待，重要場面也不吝重播，讓觀眾有全知的角度去了解「眞相」。

於是戲劇主題就更突出了：罪惡仍是不斷衍生的，林正忠這般盡責又能幹的警探，即使找到「眞相」也不能伸張正義，反而因爲忽略家人，而造成遺憾 (妻子自殺，女兒怨懟)。罪是不斷延綿的，警察那種把惡事壁壘分明地視爲「個別事件」，逐一「立案」、「破案」的做法十分有限。林正忠察覺到這問題，只能勉強地把塵封之舊案件拿出來尋求「翻案」。王遠陽是含冤受屈的，他當年與徐依雲兩情相悅，更誕下一女嬰，就是徐雪。徐翰林卻是曾性侵犯依雲的衣冠禽獸，知道依雲打算與王遠陽私奔後，大怒殺死了依雲，並設局陷害王遠陽，使他成了代罪羔羊。本是優材生的王遠陽，在獄中受盡欺凌，才自我鍛鍊爲一個惡人。

王出獄後對徐的復仇大計是戲裏的「麥高芬」（MacGuffin），

為推進劇情的工具，最後牽引出王的真正目的是為其女兒「代贖」；其動機不是仇恨，而是父愛。徐翰林之死是自找的，他虐打徐雪卻失足墮樓身亡，但徐雪卻以為自己誤殺了養父。可以說，編劇作為電影世界裏的造物者，剝奪了王復仇之機會，憐憫他而賜其「moral luck」。

觀眾同情王遠陽，因其含冤下獄，法律不能彰顯公義，即使他手刃仇人也是正義的；但王沒這機會，卻有機會彌補二十年來離開女兒的遺憾。他曾含冤了一次，這次卻自願把別人的罪揹上身。他死前發信息予林正忠，問他「找尋真相真的這麼重要？……我真想知道親眼看著自己女兒長大的感覺是怎樣的」。

這構成了一個基督救贖的框架。王想替女兒頂罪，徐雪卻去了自首。林說，「我知到你會來，你眼裏還有良知」。那王豈不是白費心機？林所代表的是法律的義，無法解決不斷衍生的罪的問題（壞人不受懲罰；無辜人含冤；自義復仇等等），只有出於愛的代贖才有望打破這困局。耶穌代罪死了，但事情未完結。徐雪去自首，就像世人知道基督捨身之後，還須認罪，才能重新與天父結連。

林把王的照片給徐雪看：「他叫王遠陽。」

徐雪哭了。

她會被捕嗎？戲裏案件的「眞相」並不重要，千迴萬轉，終點是要失散多年的父女得以重聚。

\ 默想反思 /

1.　奸角徐翰林曾性侵犯依雲，之後亦殺死依雲，並陷害王遠陽坐了二十年的冤獄，加上虐打徐雪，最後失足墮樓身亡；無論人犯了多少罪，最後也只有一死，其實人往往無法承擔、補償自己罪行所帶來的後果；對這樣的現實，你有甚麼感受和體會？

2.　王遠陽爲要替女兒頂罪而一心求死，其實只是爲掩埋徐翰林之死的眞相，這樣的死有代贖性嗎？與基督在十字架上之代贖比較，差異在哪裏？

3.　罪惡若要延綿衍生下去，需要被罪者成爲罪人，卽被罪所傷的人去犯罪傷人，過程使人唏噓；王遠陽的角色設計，你認爲足夠深刻地去表達被罪者的轉變嗎？

《惡人》（あくにん）

2010 年	139 分鐘	日本	小說改編電影

年青建築工人祐一透過網絡結識了在男裝店做銷售員的光代，二人因寂寞擦出火花。一單凶殺案的線索連到祐一頭上，他便帶著光代一起逃亡。女死者佳乃的父親也在追查著真相，勾連出更多隱藏的人和事。到底誰是真正的惡人？

《惡人》
延續罪惡的寂寞

我是「惡人」。誰不是？邪惡就是沒有了良善。法律是社會道德的底線。祐一是電影裏唯一越過法律界線的人，他殺了人；但他比其他人更加良善。他不是故事裏唯一的惡人，卻是在其他角色眼中最邪惡的人。除了光代。還有光代。那寂寞的女子。孤寂的風吹入她的骨，寸草不生的心田。

「就如經上所記：『沒有義人，連一個也沒有。』」（羅 3:10）

祐一是惡人。他是地盤工人，沒朋友，只有一輛跑車，可以經常

接送老人家來往醫院。他在交友網站認識了佳乃，相約出來，做愛，佳乃問他要錢。人們管這些作「援交」。他多麼渴望有一個伴兒。光代也是在網上結識的，也約他出來。

那時他已殺死了佳乃。

他是一個惡人嗎？當時光代並沒有這樣的念頭，她只想找個伴兒。祐一應約，跟她做愛，給她錢。驚愕。疼痛。光代把錢還給他，告訴他上交友站是為了跟人認真交往。在網上說去看燈塔的事也是說真的。

祐一心疼。他把光代當作援交的。他把網上的女子都當作援交的。第二天，祐一到光代工作的男裝西服店找她，坦白說自己上交友網站本來也是認真的。

但那時他已殺了人。本來約好的佳乃在他面前上了另一個男子的車。那男子帥氣、有錢，但他不喜歡佳乃，最討厭她投懷送抱，竟在半山把她踢下車。怒氣衝衝的祐一跟著他們，見佳乃被遺在山上，本想送她回去，佳乃卻把所有的怒氣發洩在他身上，說要報警控訴他強姦。祐一不知怎樣停止她。就殺了她。

真是邪惡。

祐一帶走了光代，去玩。對她來說多麼新鮮。他向她告白，也決定去自首。光代哭了。她不想被遺棄，她寧願跟祐一逃亡去。她讀小學、上中學、工作都在同一條大街上。她內心的小鳥渴望著危險。危險的男人。寂寞的男人。他們是同一類人。

電影以平實的鏡頭說故事，沒有甚麼特別的視覺效果，沒有風格化的快速剪接、慢鏡、迴旋甚麼的。有時鏡頭距離角色的臉很近，讓人看清他們的表情。有時配樂緩緩推進，試圖牽動觀眾的情緒。相對於鏡頭的運用，配樂有時不免有點過猶不及。爲甚麼非要觀者動情。就讓他們看清楚。平凡的鏡頭底下普通的人的故事。普通的人也是惡人。

佳乃的父親內疚、憤怒、悲傷。他怪責妻子爲何讓女兒獨個兒到大城市居住，那地方甚麼人都有。其實他應該怪自己。但他沒有怪女兒，在她的屍體被發現的山坡上，他寬恕並安慰了自己想像出來的女兒鬼魂。他不（想）知道女兒的陰暗一面，只想報仇。他找不到真兇，就去找那把佳乃踢出車的富家子。那富家子被警察抓過，又被放了出來，與朋友談笑風生，對死者毫無憐憫，以嘲弄嬉笑掩飾心裏的恐懼和空虛；朋友們傳閱著佳乃生前給他發的短訊，想認真交往的訊息，笑著圍觀「吃花生」。

佳乃的父親高舉著扳鉗，富家子的笑臉變成無助與惶恐。「會被殺嗎？」那表情就是這樣的。佳乃的父親放下了扳鉗，卻狠狠地

教訓他，語氣比扳鉗還重 —— 你們竟還能對死者嘲弄取笑。你們跟本沒有自己能愛的人。

愛不就是良善的核心嗎？

光代和祐一逃到海邊的燈塔。祐一被母親遺棄時就是在附近看著燈塔，等待母親叫他。後來養育他成人的是外公外婆。母親偶爾會跟祐一見面，每次祐一都問她要錢。

祐一已成了通輯犯，嗜血的傳媒在屋外守候著，像豺狼，外婆手足無措，唯有在抽屜底抽出祐一送她的絲巾。他是個暴烈的人。他是個溫柔的人。他讓光代感覺到幸福。他其實常常都想別人幸福，就算不幸福也不要背負重擔，重擔讓他來負就好了。

母親遺棄了他，但每次見面都問她討錢的話，她就彷彿變了受害者，心裏內疚感就會減輕；警察跟蹤光代到燈塔的時候，光代說很後悔，不應該阻止他自首，他就勒著她的頸好像要殺死她，直到警察衝進來拉走他。那讓光代也成爲了受害者，而不是共犯。

祐一殺了人，眞的是罪人。但他也把別人的重擔往自己身上揹，令人想起了基督。

最後祐一的外婆被傳媒包圍著，終於鞠躬替祐一向公衆道歉。她

在壓力中不得不相信外孫兒真的殺了人。記者們像食人魚一般擁簇著茫然的老外婆，沒有一絲憐憫；這一幕從高處拍下來，與祐一被警察拘捕的鏡頭交互剪接，構圖也相同，警察也是像野獸一樣圍繞著祐一，把他按在地上。配樂和慢鏡有點煽情，嘗試叫觀眾同情祐一。

但戲裏幾乎所有人都覺得清水祐一是個大壞蛋，殘暴地殺害了一個無辜女子。光代也明白這一點，但她心裏的祐一卻是溫柔的，牽著她的手在燈塔看日出。也許她認為自己才是「惡人」？若不是她干預，祐一早就去自首了，其他人也少折騰。她因心裏長年的孤獨，為了有男人把她擁在懷裏，跟她在燈塔看日出這種「小確幸」，要祐一再「使壞」多一會兒，使他的重擔再多一點兒。抑或，她為祐一帶來了救贖，讓他的善良與溫柔一面得以顯露出來？

這是真愛嗎？抑或只是他們太寂寞而已？為甚麼祐一慨嘆結識佳乃之前不先遇上光代？為甚麼點滴的真誠對他們來說就如湧流，以至不顧後果的豁出去？寂寞的人，又豈只他們兩個？

有一種邪惡叫寂寞。而寂寞當中最邪惡的是 —— 如佳乃爸爸所說 —— 沒有自己會愛的人，連一個也沒有。

\ 默想反思 /

1. 祐一在交友站認識了佳乃與光代之後，都相約出來做愛，他是享受做愛的快感，還是做愛讓他感受到愛？或是做愛能解決寂寞？這有效嗎？

2. 光代為了解決自己的寂寞而妨礙了祐一自首，也是延續了罪惡，使公義得不到彰顯；沒有刻意犯罪的人延續了罪惡，比較刻意犯罪的人，罪惡的程度是輕一點嗎？還是一樣？為甚麼？

3. 祐一當然是罪人，但他也把別人的重擔往自己身上揹，不同電影中都有出現這種懷有利他主義 (altruism) 的歹角，為何如此？電影要展示人性的複雜？表示他們行惡只是偶發的事件，讓觀眾同情他們？是一種對人性的樂觀的信息，世上沒有全然敗壞的人？你看到這些歹角的設定，你有甚麼感想？

《告白》（Confessions）

| 2010 年 | 106 分鐘 | 日本 | 犯罪縣疑 |

森口悠子在中學當班主任，在離職前向學生透露她來這裏
不為教學，而是復仇：她的四歲女兒被發現在這學校的泳
池中溺斃，警方調查後判定為意外，但森口發現兇手是這
一班的兩名學生。她向全班表示，已將混入愛滋病毒血液
的牛奶分派給他們喝，並引導班上其他同學排擠兩位疑凶。

《告白》
以惡還惡

福音的對象是誰？福音針對的是何種處境？甚麼人需要告白／告
解（confess）？他們在甚麼的境況中告白／告解？

《告白》的故事就是關於這些問題，可惜，它是三級片，老師不
能帶學生去看，團契導師不好意思向未成年信徒推介，因為它太
真實。中學教師森口悠子的四歲女兒在學校被殺，警察以為是意
外墮池。森口在最後一課告訴全班學生，女兒是班上的兩位學生
所殺的，但因為日本有「少年法」，未滿十四歲的人殺了人也不
用負刑責。她不打算向警察翻案，但決意要復仇，也說要讓兩個

凶手學會生命的可貴，所以她在兩位凶手剛喝過的牛奶中，其實已混入了帶有愛滋病毒 HIV 的血液。她希望兩位年輕的凶手──發明天才修哉和孤獨懦弱的直樹恐懼死亡，珍惜生命，也會被同學敵視、杯葛 ── 最好他們受不住自殺。

故事才剛開始哦。

你或許會問，森口老師分明是在報仇嘛，哪有半分為人師表的風範？這跟我們常見的日本「熱血」文化大相逕庭。對，《告白》分明是跟「熱血」對著幹，甚至嘲弄這種文化，可說是「冷血電影」。戲中提到一個「熱血教師」櫻宮正義就是一個「古惑仔變好教師」的典型，可惜最後患上愛滋病死去。

森口其實是櫻宮的愛人，懷了孩子，卻不能結婚，因為他了解這社會的無知和殘酷，讓人知道父親是愛滋病人的話，孩子定會受歧視。可幸的是森口和女兒都沒有受感染；不幸的是健康可愛的孩子被殺死了。森口無法跟從櫻宮的熱血和良善，不能擺脫「以惡報惡」的念頭。櫻宮以前的一個學生，矢志當一名熱血教師，要當學生的好朋友。可惜他只是小丑，被森口擺弄。他自以為發揮積極的力量，要幫助恐懼得不敢上學的直樹，其實只是森口利用來逼死直樹的棋子。

最終，死的人更多，作惡者很難說痛改前非，熱血者被嘲弄，復

仇女神流著淚冷笑。

整齣電影以冷色調處理，好像總是陰天；很多鏡以抽離的中鏡或全身鏡頭映著各個角色做著傷害別人的事情，沒有其他電影常見的逼近的、搖動的，緊張刺激的暴力鏡頭。但你也別以為導演這樣簡單地只是為了以鏡頭表達「死亡可怕，生命寶貴」的信息。很多暴力迸發，生命消逝的場面，導演皆以 MV 式的剪接手法處理，有很多慢鏡和跳接鏡頭，讓四濺的牛奶、揮下的凶器、殺人的瞬間，在慢鏡頭下劃出優美的弧線，配合冷峻悅耳的音樂，營造出日本特有的，尤如在櫻花下切腹的死亡美學，像包著糖衣的夢魘。難怪被列為三級片。

這母寧是一種自嘲。電影點出的問題核心就是，重要的並非才幹，非物質、也非單純的愛護，而是有關良知和責任的教育。

修哉是天才，遺傳了母親的科學頭腦，但缺乏母愛。修哉的母親是個科學家，嫁進普通人家，只能把未竟之志投射到兒子身上，從修哉很幼小的時候就迫他學習電子和機械的科學知識。

修哉自幼忍耐著母親過份的期望和打罵，但父親就忍受不了而鬧離婚，修哉就此失去了母親，只能努力鑽研發明，希望有天能得到母親的注意。所以他製作虐殺刑具，殘殺小動物並放上網，甚至動起殺人念頭，也是為了引起母親的注意 —— 不論那是做壞

事還是好事。其實他根本沒有良知，只是想比較：他設計了一個獲獎的小發明，傳媒卻只大篇幅報道少女殺害全家的事件，就知道只要殺人殺得夠過份就能揚名立萬，使母親不得不回去找他。

另一個冷血少年直樹則是相反，住著寬敞的兩層洋房，物質豐富，受到母親百般寵愛，充滿鼓勵 —— 你說，甚麼？那麼和修哉對比，有沒有母愛結果都是一樣啊！這正是作者的意圖。直樹的懦弱畏縮對比修哉的膽大包天，但他們同樣孤單，不懂與人相處（其實也不懂自處）；他們的母親同樣沒有教導他們如何當一個有良知、負責任的人。

直樹的母親知道兒子犯下彌天大錯後，不斷為兒子找藉口，把責任推在森口身上，是非不分，毫無憐憫。在修哉決定找直樹作幫手的一天開始，兩人就越來越相似。修哉自製的電擊器殺不死森口的小女兒，卻以為經已作了十惡不赦足以揚名的大事，一邊叫直樹宣揚出去，一邊侮辱直樹為「失敗作品」。直樹爭競之心從此被激起，膽大起來，甫發現小女孩只是暈倒就馬上置諸死地，只為在「更邪惡」的排名上跟修哉一決高下。

這樣的世界還有盼望嗎？森口的終極報復，是知悉修哉對母親的情意結，以及他製造炸彈企圖炸死全校師生之後，把炸彈放在修哉母親辦公室裏，當修哉按下電話撥出鍵引爆時，他就殺死了最渴慕的對象，扭曲殺人動機的源頭 —— 這是原著小說的結局。

電影版導演仁慈，最後添上森口的一句「玩你咋」作結，演繹成開放結局，讓那些懷有盼望的觀衆可以想像，森口只是嚇唬修哉。那數分鐘 MV 式爆炸場面裏，修哉「見到」母親辦公室爆炸的情景，只是他的想像。加上「逆轉時計」的意象，可被闡釋爲少年已感後悔。然而按原著去理解，森口也成爲了傷害無辜的惡魔，其「教導」也純粹是復仇。

在這裏我們回看文章開首的問題：福音的對象和處境，以及告解的人之景況。電影看來悲觀，就如我們看新聞認識的世界一樣，充滿痛苦和罪惡。耶穌進入這黑暗裏，這就是福音的起始。而人的回應，就只是承認自己的責任而已。但《告白》提醒我們，那並非那麼理所當然地輕易；我們也更加明白，爲何「認罪悔改」是人類決定走向天國還是地獄的轉捩點。

＼ 默想反思 ／

1. 日本有「少年法」，未滿十四歲的人殺了人也不用負刑責，但若眞的發生了電影中的事情，他們又不用負刑責，公義如何彰顯呢？

2. 直樹發現森口女兒只是暈倒就馬上將她置諸死地，要比修哉作出「更邪惡」的事情；反映了人心底裏害怕自己平庸，害怕自己成爲衆生中面目模糊的人；你對這害怕有甚麼體會，你曾如何努力去使自己出衆一點？最後能解決這害怕嗎？

3. 這是一齣沒有救贖的電影，罪惡很大，沒有恩典、沒有饒恕；如果你是編劇，將劇本改寫成森口饒恕直樹及修哉，你會描述她從哪裏得著饒恕的力量，而觀衆又會感到是十分合理的？

靈程光影
穿越電影世界的心靈行旅

《美麗末日》（Biutiful）

| 2010 年 | 148 分鐘 | 墨西哥 | 劇情 |

「撈偏門」的 Uxbal 是個單身父親，被診斷出患有前列腺癌。他試圖在剩下的日子解決生活和工作中各種問題，卻更弄巧反拙。另一方面，他已故多年的父親要開棺火化，卻成了父子重新結連的契機。

《美麗末日》
罪者的美善

《美麗末日》（Biutiful）的主角 Uxbal 可被視爲一個像耶穌的人，活在今日俗世，脫離了神聖聯繫之後，步向死亡。這戲也在探討一個有宗教意味的問題：若人失去了信仰，面對苦罪的宿命，哪裏仍有盼望？

在巴塞隆那，Uxbal 的癌症已到末期，化療只能勉強拖延著。即使整天幹著犯法的勾當，他也算是個好人，總皺著眉頭在想怎樣使其他人都過得好，解決問題、協調衝突。他留著亂糟糟的長髮，滿面于思，奔走於各方之間，卻隱瞞著自己的病情。兩個孩子還小，還是如常照顧、教導；酗酒的妻子早已離家，是否要讓她回

來？兄長說安葬亡父的墳場要拆遷，是否接受賠償了事？

Uxbal 嘗試把一切都安頓好，卻總是力不從心。特別是他賴以爲生的偏門工作 ── 合作多年的華人伙伴帶著一群黑工，他們在地下工場製造的冒牌貨品要找非洲的非法移民在街上售賣，當中要以金錢疏通警察；另一邊廂有地盤工頭嫌有工會保障的工人薪水太高，要 Uxbal 找黑工來代替，Uxbal 就從中斡旋「講價」。他還有天賦的通靈能力，能知道剛死去的人未了的心事，代爲轉達家人。無論在信仰抑或法律來看，他幹的明明是壞事，但怎麼看也是個好人。

這種感覺來自他那充滿憐憫的眼神，也不知是否同時在可憐著自己。他當然不像救世主，因爲他完全無能爲力，甚至弄巧成拙。從非洲偷渡來的小販朋友終於被警察抓到，要被遣返，Uxbal 也幫不了忙，只能盡力安頓其妻兒。更煩惱的是前妻，現在看她好像改掉了惡習，爲了孩子將來有人照顧，也試著跟她和好，怎料江山易改，她打孩子，Uxbal 再也不能容忍了。最悲哀的，是他見那群黑工睡在潮濕陰冷的地下室，就給他們買暖爐，怎料他爲了省錢買些不合規格的燃氣暖爐，半夜熄滅後把滿室工人都毒死了，當中還有在吃奶的孩子，Uxbal 悔恨不已。

他雖像耶穌，而非耶穌。耶穌是軟弱中顯出能力，Uxbal 則是盡了能力後仍是軟弱；耶穌愛罪人，自己卻不犯罪，Uxbal 則是一

個愛罪人的罪人 —— 別忘了很多人都不懂愛人。

還有一點：Uxbal 能通靈，但只能發揮在人剛死之後，傾聽亡者未了之心事，像那要向父親坦承偷了手錶的孩子。就像耶穌，他聽亡靈告解，使人和好，與其說那是「鬼」不如說是生命的殘餘 —— 但他不能使死人復活。那懷著嬰孩在睡夢中死去的女黑工，也是 Uxbal 孩子的褓姆，他希望能喚回她的靈魂，向她懺悔，靈魂卻已遠去。

我們見證到一個心懷善意又勉力為之的人之軟弱，這是當人脫離了上帝之後，好人無能於當義人之困境。Uxbal 走在街上，想著自己快要死去，對自己的工作、孩子的將來、他人的境況通統無能為力之時，他想到禱告，卻不知向誰禱告。

神不是不存在。西班牙是天主教國家，戲裏多處出現耶穌和瑪利亞的聖像，卻隱沒在背景中，人們視而不見，繼續在其中行淫偷盜，這決不是宣教士可以解決的福音問題。

Uxbal 同時面對著能力和道德上的困境，他自小失去父親，或許成長的背景中注定了這個善良的人不能擺脫「結構性的罪惡」。在「沒有一個義人」的前設下，Uxbal 善待客旅（非洲偷渡者）、愛護鄰舍（照顧非洲朋友的妻兒）、寬恕（嘗試接納前妻）等等也不能帶來救贖，但他沒有自暴自棄或怒火中燒，憂傷的眼睛裏

折射出一顆包容、忍耐的悲憫心腸，把對世事的看法逆轉過來。

《美麗末日》結集了很多人所排擠的事情：黑工、偷渡者、貧窮、癌症、同性戀者、少數民族、酗酒，還有死亡。Uxbal 活在當中，卻能發掘出尊嚴和美好的可能。

死亡是最可怖的，但在戲裏卻構成了最感人的一幕：Uxbal 父親的棺材被移出來，火化前開棺拿出陪葬品。屍體經過防腐處理，Uxbal 兄長不敢看，Uxbal 卻伸手觸摸父親的臉龐 —— 最可怕的東西成了他最渴求的事物，因為他從來沒有親眼見過父親的樣子。

Uxbal 和耶穌的最大分野在於「與父的聯繫」。導演給世俗人的建議是：Uxbal 不只接納那些不可愛的人，也對自己的挫敗和死亡學懂寬容地面對，風景不轉心境轉，這大概是一種審美的救贖。

\ 默想反思 /

1. Uxbal 的善行甚至會帶來惡果，例如他買的暖爐把滿室的工人毒死了，那麼他的動機仍然值得被肯定及欣賞嗎？他在非法的勾當中想著怎樣使人過得更好，然而，在「結構性罪惡」中的罪人，有可能閃耀出人性的光輝嗎？

2. 若 Uxbal 能夠知道禱告的對象，決志悔改，生命轉化更新，但他不能離開現在的生活環境，環境亦不會轉變，他要如何面對在「結構性罪惡」中的生活呢？

3. 若你要鼓勵一位像 Uxbal 的人，你會對他說甚麼呢？

《饑渴誘罪》(박쥐)

| 2009 年 | 133 分鐘 | 韓國 | 恐怖、浪漫 |

神父尚賢想濟世助人，卻心藏幽暗。因一次輸血意外，成為了吸血鬼，誘發出心底的慾望。他把友妻泰姝也變成吸血鬼，雙雙陷進糾纏不清的黑暗關係。

《饑渴誘罪》
自毀式自救

這是一個宗教寓言：神僕好心成壞事，想當救世英雄卻墮落成魔。主題看似與基督宗教對著幹，卻非關人從信到不信的理性啟蒙。「啟蒙」的比喻其實和決志歸信的經歷是同構的，都是從黑暗到光明，但《饑》卻是一步一步進入黑暗深淵。與其說這是反基督的，不如說它是當上帝不存在 —— 即使存在，也感受不到。

聽過有人批評基督新教傾向個人得救，只著重個人靈性，相對天主教則比較「入世」。但《饑》所反映的信仰危機，卻源於教會世俗化到一個地步，可能會成了社會建制的一部分。

靈程光影
穿越電影世界的心靈行旅

以前未有心理輔導專業，神父就如社區中的輔導員，抒解人的罪疚感，使人不用長期壓抑。但神父尚賢（宋康昊 飾）在聽人告解時，卻叫人緊記看醫生服抗抑鬱藥，淡淡地重申教義裏自殺是罪惡，像例行公事。反而告解者卻提醒尚賢，告解只是想他為此禱告。禱告是人與神的聯繫，尚賢卻偏偏漏了這一點，暗示著他即使熱心助人，卻可能是與神無干的。

尚賢的第一宗罪，是驕傲，卻無意識地偽裝成濟世為懷，這種虛偽，是第二宗罪。他自小就想救助別人，若不是成為神父，大概就當了醫生。雖然他已被連番質疑，自願去做人體實驗培植絕症疫苗，是殉教還是自殺？

想當救世英雄的試探，是墮落的開始；尚賢輸進帶有「吸血鬼基因」的血液而成為吸血鬼，得到了超能力，卻成為殺人怪物，毋疑是其「救世者情結」的一大反諷。像他這樣的志願犧牲者，大都是白人、男性、傳教士，沒有中東人和黑人，似乎在暗示有基督教傳統的歐美國家自居為救世者，往往以和平之名發動戰爭，害死不少平民百姓，自以為是的「好心」卻實在做了壞事。

耶穌升天後，地上的聖徒組成的教會就是祂的身體。他們彼此相愛，愛人如己，就是向世人見證基督。尚賢的困境是，在個人軟弱時失去同伴的支持，就跌得更深。奇怪的是尚賢只有老神父一個可傾吐心事的弟兄，沒有其他人同行。於是，當尚賢跪在老神

父面前，懺悔成爲吸血鬼的軟弱與罪咎後，老神父沒法透過禱告替其抒解，反而要求尙賢給予不死血液，使其回復健康。就像尙賢身踏泥沼，希望老神父伸手把他挽回之時，他反而成爲了別人的試探，雙雙踏入泥沼裏，再無其他人可救援。

尙賢確是可悲的，他的信念是那麼脆弱 —— 當弟兄的愛瓦解，基督的救恩無法被見證，信念就崩潰了：「我不再當神父！」

然而眞正的災難，卻是在尙賢成爲吸血鬼後才爆發。從爲血而饑渴開始，他壓抑多年的慾望與罪性一股腦兒爆發出來：貪戀別人的妻子、害無辜人的性命……然而最大的問題是他仍然脫不下神父的外表，繼續自欺欺人。一方面不住說「我不再是神父了」，另一方面則繼續以神父身分，吸引那些想自殺的人，不爲告解，卻是殺人吸血（暗場交待），還道是「幫助人」；殺人後還懂吊屍放血，好好儲藏不浪費，就美名爲「尊重生命」。

尙賢戀上好友的妻子泰姝，在她的誘惑和欺騙之下，以爲她常遭丈夫虐打，藉此合理化自己殺死好友的罪惡。但後來才發現，好友是無辜的，泰姝的傷口是她自傷而成的，就像他多年來壓抑性慾時那樣自虐，而長期壓抑也使他們的人格漸漸扭曲，在成爲吸血鬼後才釋放出來。

尙賢憤怒地殺死泰姝，其實是他不能面對自已，殺死好友的最大

誘因根本是對泰姝肉體的渴求，卻把責任推在她身上。但他怒火的矯飾轉眼化為饑渴，貪婪地舐著她屍身上的血液。

當尚賢驚覺殺死泰姝的過程被好友母親所目睹，就毫不吝嗇地用自己的血叫泰姝復活過來。他的虛偽在於他太介意別人的目光，但他反而最不了解自己，執迷不悟。

朴贊郁的電影裏，痛、死亡、愛慾與救贖的元素常常糾纏不清；尚賢殺害了泰姝，又要自殘流血來救她；他割開舌頭餵血，同時在熱吻；他們互相啜飲對方的血，二人成為一體。本來二人因為罪咎，被好友的冤魂纏繞著，無法盡情做愛，這時互相吸血的靈慾一致，就成了性的代替品。

然而吸血鬼之間的愛情並不如想像的淒美，不死身的設定不為天長地久，而是延長及放大自相殘殺的血腥與痛楚，直至尚賢最後決定，要抱著泰姝雙雙暴曬在陽光下自殺。這是他最後的救贖嗎？抑或仍是虛偽？

是天堂太遠還是地獄太近？

朴贊郁對基督信仰的觀感是批判的，也是悲觀的。救世的心態縱然自大，卻也不是大奸大惡，怎麼成了墮落的詛咒？這信仰實在太難讓人相信。

難是困難。耶穌藉著聖餐，叫門徒喝祂的「血」，成爲一體，門徒在世要學效祂的犧牲精神，怎麼會變成了驕傲的罪？犧牲是捨己的終極表現，但怎麼自殺就要下地獄呢？米路吉遜的《受難曲》（The Passion of the Christ）以 Passion 既是愛也是苦難的歧義，放大耶穌肉身所受的痛來表達祂的愛，就和朴贊郁把暴力、痛苦、愛與救贖冶煉爲一的辯證互相呼應，但朴眼裏的愛卻被痛所蓋過。

耶穌最大的痛和恐懼，就是被天父遺棄。祂在十架上斷氣前，高呼「我的神！我的神！祢爲甚麼離棄我！」本來是孤兒的尚賢的深層的恐懼也許就是被遺棄。

老神父覷覦他的血，是對他在信義上的背棄；但總不及他想幫助人，卻成爲了「被迫」害人的吸血鬼那麼痛苦。他感受不到天父的慈愛，但仍感到內疚。相比起來，不信神的泰姝殺人吸血毫不悔疚，尚賢那沒有救恩的罪疚感反而顯得虛僞。

最終，尚賢只能透過自毀來完成自我救贖。他不再想救人，只求少害些人。他還信神，只是失去上天堂的盼望，只求能下地獄。

尚賢心甘情願下地獄，是完全脫去僞善，誠心面對罪咎的姿態。在陽光下灰飛湮滅，也許是最後的升華，得贖的盼望，因爲他終於懂得謙卑。「效法基督」的困難在於，耶穌基督被犧牲救世，

是獨特的歷史事件，人只能學習捨己為人的愛，卻無法企及「救世」的大業。而基督的犧牲著重點是「謙卑」，祂道成肉身的救贖是捨身降卑，而尚賢的救世主心態卻是自居為高。

饑渴有罪麼？正因人軟弱，連神父也不能例外，便更需要謙卑。

但這又回到一個難題：傾向入世助人，便會面對自大的試探；只求個人靈性，則無法實踐基督濟世的精神。成為教徒是容易的，全職事奉也非極難，真正困難的是真正地踐信於行 —— 而很多人根本不清楚自己相信些甚麼，卻很確定在甚麼時候感到饑渴。

\ 默想反思 /

1. 尚賢似乎是與上帝沒有連繫的，他是否只是憑意志一直過著禁慾生活的神父，而成為吸血鬼之後，只是回復了本性？導演是嘲諷基督徒嗎？嘲諷他們是一班自我救贖的人，卻從未被主耶穌的救贖更新？

2. 告解的人想神父為他們禱告，卻被吸血鬼神父所殺，這又是導演對信仰的嘲諷嗎？當神職人員不能有效地牧養信衆，是等同謀殺他們的靈性嗎？

3. 尚賢最後抱著泰姝等待黎明的陽光去自殺，你認為他最大的意圖是甚麼？停止兩人再害人，還是自己不想再受苦？罪疚太大？失去了盼望？

《聖訴》（Doubt）

2008 年	104 分鐘	美國	劇情

一所天主教小學由修女校長 Aloysius 領導，她觀察到神父 Flynn 和一名男學童之間的交往，懷疑兩者有不正當的關係。Aloysius 再三質問 Flynn，卻拿不出任何證據，而 Flynn 則極力否認這些指控。究竟真相是甚麼？

《聖訴》
對悔改的質疑

只有懷有信仰的人，才能體會《聖訴》(Doubt) 中因信仰脫不了疑惑的切膚之痛；也只有信耶穌的人，才能經歷基督對人的軟弱所施下的慈愛。

《聖訴》是宗教電影，但這個有關信仰的故事卻從疑惑開始說起，以更多的疑惑作結。

故事發生在六十年代的紐約，美國總統甘迺迪剛被刺殺之後，民眾落在一片愁雲慘霧之中。教區神父 Flynn 作風新潮，吸煙、留指甲、聽流行樂，和一臉冷酷、極度嚴苛的中學校長 Aloysius 修

女形成強烈對比。前者對學生表現出慈愛，後者則更著重公義。公義和慈愛不都是神的屬性嗎？理應並行不悖的。對上帝而言確是的，但對滿身缺憾的人類而言卻不是，電影其中的一個 doubt 就是兩種美德在教會內部的衝突。

修女 Aloysius 和神父 Flynn 分別執著公義與慈愛，兩者的抗衡在一宗神父變童疑案中爆發 ── 結局卻沒有清楚地揭盅究竟神父有沒有侵犯那孩子。觀眾被留在疑惑之中，自行猜想箇中真相。然而電影想表達的正是，我們可能永不會知道真相，我們只能不無主觀地選擇相信究竟「事實」為何。

修女相信神父和黑人學童 Donald 有不尋常關係，即使身為下屬，但「一切該按規矩行」的信念使她對神父咄咄相逼；神父對如此指控截然否認，直指修女毫無証據，其守舊作風更是教會改革之阻礙。修女對自己的經驗比對教會制度更加信任，不向他人尋找證據，乃因懷疑男性主導之天主教會內，神父主教等皆私相授受。她告訴神父，曾致電神父從前服事的教區，從一位修女打聽到，他五年內換了三個教區，知道他那些不見得人的事。神父更加光火，因為修女完全不依教會程序辦事……縱使辯論至終不分勝負，神父還是辭職了，Donald 傷透了心。

是因為修女最終取得人證嗎？修女最後表白，不，她撒了謊，根本沒有向誰查證，但她覺得神父辭職意味著心虛，他的確是一個

壞蛋。然而從神父的角度而言，辭職卻可能是不想主內肢體鬥爭到底，他相信的是寬容和憐憫。他特別關愛 Donald，因這男孩因膚色一直飽受歧視，又常遭父親責打，需要加倍的愛心和關顧。修女可不信這一套；特別是 Donald 母親透露兒子的同性戀傾向後，修女更深信神父利用孩子的傾慕去施行惡事。為了中止這關係，她甚至想過若除不掉神父就開除 Donald。

然而修女一直都是按心中既定的主觀印象去推論，也拒絕任何不利於既有想法的證據。作為校長，她要控制一切，容不下半點可能會破壞既定規矩的事，深信這是上帝給她的責任。她對自己總是那麼確定，對旁人卻充滿疑慮。但她相信自己是與別不同的，不單是作為神職人員被分別為聖，也自認為與齷齪的神父截然不同。

她的信仰是失衡的，當公義掩埋憐憫時，救恩和盼望也被輕視了；修女直言不相信神父會悔改，意味著一個人是壞人，永遠都是壞人，卻忽略了如此堅執乃是一種驕傲，否定了耶穌救贖罪人的可能。

修女無視孩子在孤單的境地需要一位屬靈父親的愛護，更是鐵石心腸，她堅定的信念反而動搖了信仰的核心 —— 愛。

縱然如此，電影也不是全然站在神父的一方。他辭職的決定，另

一學生持續的抗拒表現，和他偶爾對修女責問之迴避，轉移視線，也有令人思疑之處。特別是當修女表示已得知他從前的事蹟，他除了否認，也不無軟化地求修女拿出一點憐憫之心，似是狡猾地軟硬兼施，有所隱瞞。

兩個主角在校長室對質的一場戲是全片高潮所在：劍拔弩張之際，神父突然向修女問道：「你以前犯過大錯嗎？」難道他暗示自己確犯了錯，求修女放過？

修女竟然神色一轉，悲從中來，似是甚麼心事被勾了出來 —— 她絕少顯露自己的過去和心事 —— 她坦言有，也已經懺悔了。

神父眼眶含著淚，說自己也犯過大錯，也相信在悔改中得醫治，他們都一樣，藉以尋求對方的諒解。但修女的鐵面重現，冷冷地否認神父和他一樣，她根本不相信神父悔改。

This is the world of doubt. This is the world of faith.

電影不無暗示，神父也許有著陰暗的過去，如今卻想好好事奉。但編導至終沒有明言神父曾否犯過變童大罪，就是要觀眾直面現實中的疑惑：卽使是信徒，也不一定總能知道所有真相，這才是信仰當中最有挑戰性的一點：當我們確實身處於充滿苦罪的世界之中，疑惑不能避免時，還怎樣持守信仰？怎樣行公義、好憐憫？

只有上帝才知道一切，也只有祂才能公義地審判人。

修女看似象徵著疑惑的相反，總是那麼肯定和果斷，卻吊詭地對人處處生疑，其實是疑惑之象徵。結局中，她告訴小修女，神父請辭卻反獲教廷升職，也坦言自己用不誠實的方法趕走了神父，心中充斥著疑惑 —— 說到這裏，她再忍不住眼淚。

教她疑惑的是甚麼呢？這也沒對滿臉問號的觀眾說清楚，或許是她不明白為何神父不降反升，或許是她為求目的不惜說謊，捨棄了信實而信心減弱……讓觀眾繼續疑惑，就是編導的意圖。

藉著片首神父之講道，編導已開始向觀眾傳達疑惑在信仰上的正面意義。信徒常被教導要「有信心」，又怎能疑惑呢？然而人總是在疑惑中，人的知識有限，行公義的能力有限，但神的憐憫可以消解這種局限。祂雖有行公義審判之權柄，卻選擇施慈愛讓人悔改。疑惑讓人想起上帝的愛，教人知道自己的有限，謙卑下來。修女總是自認為帶著神的公義，與別不同；神父卻深信大家都一樣，都是罪人，都需要上帝的愛。

「我們正是在絕望中團結起來。」神父說。信心危機成為愛的契機，這就是神的智慧。

\ 默想反思 /

1. 修女毫不疑惑地相信神父和 Donald 有不尋常關係，她不理會神父的否認，這是論斷嗎？如果種種蛛絲馬跡都指向這結論，出於對兒童的保護，修女是無可厚非嗎？

2. 神父或許過去曾犯下大錯，但已悔改及得著醫治，及經歷了上帝的饒恕；很多時候離罪者仍遭往事纏繞，如遭人白眼，或不被信任，甚至舊事被挖出來，再受到新的知情者控訴；如果你是離罪者，你有甚麼感受？如何堅持遠離罪惡？可以作甚麼去重獲信任？

3. 要相信別人已經悔改及離開罪惡，這是一種怎樣的信心？這信心從哪裏來？但若太天真地輕信，又會否令自己容易受到傷害？我們接納罪人要付上甚麼代價？

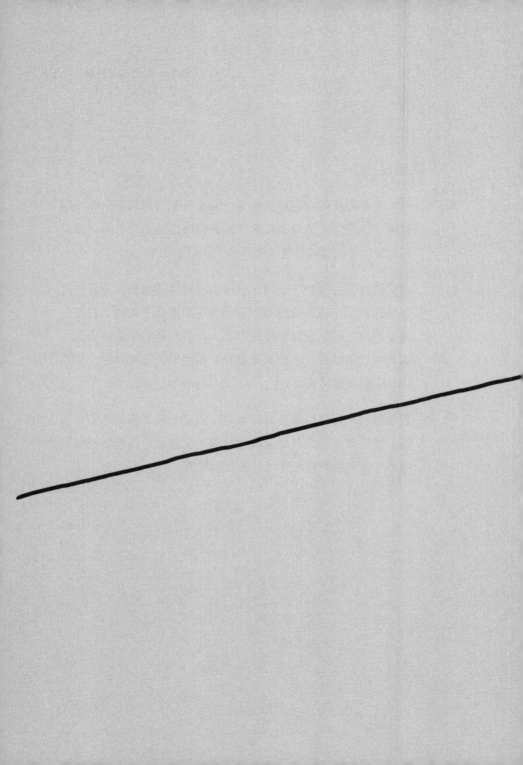

第二部

悠悠朝聖路
忐忑心路

靈程光影
穿越電影世界的心靈行旅

《閃閃靚賊》（The Bling Ring）

| 2013 年 | 90 分鐘 | 美國 | 犯罪、劇情 |

一群青年迷戀奢侈品，用互聯網追蹤名人行踪以潛入他們家中盜取貴重物品。Marc 是一個安靜的少年，他來到加州卡拉巴薩斯的一所高中就讀，被痴迷名人的 Rebecca 吸引，成為好友。Rebecca 帶領他和幾個人，從小偷小摸開始，漸漸成為連環爆竊荷里活名人家居的「大盜」。

《閃閃靚賊》
看著我！看著我！

「衣食足，然後知榮辱」，在《閃閃靚賊》（The Bling Ring）中一群青春盜賊闖進明星家中偷走財物，並非為了「搵食」。他們衣食無憂，卻知榮不知辱（直至被捕受刑）。

「榮」是要讓人看見自身美好的一面，而「美好」的定義則由傳媒所掌控，簡單來說就是要「靚」得像明星名人一樣。「美好」只需用眼判斷，從表皮開始向外構築 —— 還有誰理會內在的「本質」？「修身」而後「齊家」，在今天這個物慾社會，是否意味著若不修身美容，便難以找到另一半成家立室？

《閃閃靚賊》的幾位主角成賊入室，背後都是爲了別人的認同：肇事者 Rebecca 渴望變得像她的偶像 Lindsay Lohan 一般，乾脆去 Lohan 家偷她的衣服，但她最愛還是 Paris Hilton 的家；男主角 Marc 情感上依賴著 Rebecca，需要她的認同，變得唯命是從（況且他家境沒其他角色那麼富有，買不起的時裝就偷回來）；Nicki 和她的姊妹從小被母親銳意培育爲明星，充滿「正能量」的家教使 Nicki 毫無羞恥之心，虛僞造作幾達從心而發的境地。

《閃閃靚賊》是眞人眞事改編，當年調查該案的警探 Brett Goodkin 有份參與電影製作，而被爆竊次數最多的名媛 Paris Hilton 不但借出住宅作佈景，而兩人皆親身客串，爲電影增添了眞實感。諷刺的是，眞實發生的案情又那麼令人難以置信 —— 竟然眞的有那麼多明星名人沒有爲其千萬豪宅高度設防，甚至連門也不鎖；竟然眞的有人膽大包天地直闖豪宅，沒想過內裏有否惡犬和自動警報系統；而最匪夷所思的是以上兩者竟然同時發生，才會讓連環爆竊案成眞。

電影最堪玩味之處，乃幻象與眞相之間已再難辨清。若那「眞人眞事」如此離奇才被改編成電影，即使以「寫實」手法製作，結果也是虛幻的。觀衆可以把電影跟「眞實」對照，卻必須倚賴傳媒的相關報道（包括當事人使用互聯網自行發佈的消息）。不過，那些訪問和報道又有多眞實？

靈程光影
穿越電影世界的心靈行旅

發達社會的實況是，媒體訊息已成了社會真實的主要構成部分，無數虛擬的、被複製的影像成了人們生活體驗的主要成份。一個人和他的肖像畫比較，哪個比較真實？傳統的看法是，畫像只是複製品，沒有那麼真實。但《閃閃靚賊》的主角被時尚雜誌上看見的明星形象深深吸引，再走進那些名人家中，偷走後者的衣著和飾物，穿上自己的身，既是複製品，也是把傳媒再現的影像化為具體之物。

Rebecca 和 Marc 一伙所追求的，並不是那些明星的演藝才能，而是他們的外在造型；而後者的形象則是時尚品牌和大眾傳媒合力營造的，讓名媛和藝人皆成爲了協助推銷的模特兒，最終也是要消費者購買穿上身。所以「靚賊」們所複製的，本來就不是哪個明星的「真人」，而是時尚企業希望會被消費者仿製的形象──只有被仿製之時，那些形象才會成真。

Nicki 一家是戲裏另一主軸，也充份表現了真假難辨的境況。Nicki 的真人藍本是 Alexis Neiers，如戲裏一樣，三姊妹被母親致力培養爲明星。盜竊案發生的時期，Nicki/Alexis 和她的姊妹正參加真人秀節目《Pretty Wild》。後來東窗事發，《Pretty Wild》乾脆把 Alexis 的案件當作節目內容播放。Nicki / Alexis 並沒有認錯，推說是喝醉酒後被朋友帶到案發現場的。

戲外，Alexis 則一直堅持官方對她的指控以及傳媒對她的報道皆

有偏頗虛構之處，而她將著書揭露眞相。這些資料當然都是透過大眾傳媒和互聯網發放出來的，但 Alexis 的形像卻是「虛僞」的。飾演 Alexis 的 Emma Watson 的演繹獲得很多影評人讚賞，其演繹的眞實性則以《Pretty Wild》的片段和 Alexis 在媒體上的訪問作對照。演員怎樣「寫實」地扮演一個虛僞的人？ Alexis 和她母親的表現皆十分造作，於是 Emma Watson 的故作浮誇反有「負負得正」的神奇效果。Nicki 三姊妹和母親之間看不到親情，後者只是全心把女兒塑造成跟自己一樣內裏空洞洞的人。

若說主角作賊是爲了別人認同，但除了 Marc 對 Rebecca 的情感以外，這種認同的需要並非發乎內心。Rebecca 一伙中，只有 Marc 在爆竊之時充滿著「我們在犯罪」的危機感和自覺性，因此他也是在被捕後唯一眞會自省的人（跟 Nicki 假惺惺的反省作對比）。也許那是因爲 Marc 家境最差，最初穿著的衣服還是破破爛爛的，其盜竊就有具體的物質意義。但其他人是貪得無厭，所需要的認同，就只是「被看見」的外在需要。而這種「被看見」並非內心想法和感受的了解，而只是外觀的炫耀：靚，而非深入的了解和交流。

他們的仿效對象是明星，而「明星」就是「被看見」的直接比喩。「不被看見」比作賊更可恥，所以他們把偸來的行當穿上身之餘，還要自拍放上 Facebook，更在友儕間張揚去過哪個明星的家，既要人知，又要人見。求仁得仁，他們被捕之後，眞的成了鎂光

燈下的公衆人物 —— 只是其形像已非他們所能操控。

吊詭的是，Rebecca 為了模仿其偶像 Lindsay Lohan 而去偸竊；但 Lohan 已成明星，結果也因盜竊而下獄。那麼，也許 Rebecca 的行爲並非僅是一種模仿，而是指向一種更深層的東西，是犯罪的快感與「被認同」的慾求的共同根源。

有一種東西，比成名和犯罪的慾望更原始、更徹底，那到底是甚麼？

\ 默想反思 /

1. 人對「不被看見」有巨大的焦慮，這焦慮的根源是甚麼？人爲解決這焦慮會做各種各樣的事情，使自己能「被看見」；你感受到自己有這方面的焦慮嗎？你爲解決這焦慮做了甚麼？

2. 現在大衆傳媒及社交媒體的運作方式，更易讓人「被看見」；但你感到它們是促進還是減輕人需要「被看見」的焦慮？

3. 消費明星的形象能產生巨大的商業利益，因此肖像權是昂貴的；爲何人心靈有如此巨大的需要，要以明星的形象去滿足？

教案連結

靈程光影
穿越電影世界的心靈行旅

《蜘蛛俠 3》(Spider-Man 3)

2007 年	139 分鐘	美國	超級英雄

《蜘蛛俠 3》是 2007 年由 Samuel M. Raimi 執導的蜘蛛俠電影三部曲的最後一集。Peter Parker 正在努力平衡個人生活和蜘蛛俠的職責。他舊日好友 Harry 變成了第二代綠魔，只想殺死蜘蛛俠為父報仇。黑色外星生物附在 Peter Parker 身上，激發了他的陰暗面。與此同時，殺害 Ben 叔叔的真兇 Marko 變成了「沙人」。內外交煎的蜘蛛俠怎樣克服同時出現的多方挑戰？

《蜘蛛俠 3》
「朋友，你要力量嗎？」

蜘蛛俠比其他超級英雄都更像一個街坊，令人倍感親切。在 2002 至 2007 年間的三部《蜘蛛俠》電影中，脫下戰衣的男主角彼得（Peter Parker）只是常常撞板的學生，行為舉止偶有傻氣。

當他被黑色外星生物影響後，內心的幽暗跑了出來。按正常的戲劇思路，觀眾或會想，他一定會變成壞人了！結果有多「壞」？平時梳理得當的（老套）髮型變成有一片留海在右眼之上的「壞孩子」髮型；日光日白在大街上跳舞，像占基利的誇張動作；最

「壞」呢，是找美女同學在前女友面前跳社交舞（不是辣身舞），以爲那樣可令前度生氣（卻連吻一下美女的衝動也沒有）。

壓根兒就是一個大孩子，做乖仔做得累了、失望了，再遇到挫折，心裏的苦毒趁機跑出來，就大喊：「我要放縱！我要做衰人！」再做一些其實微不足道，惟有在教育電視才算壞的「壞事」。

和很多人一樣，想做好人，想幫人，又會遇到挫折，心裏的冤屈就不時跑出來，引誘人頹廢一下、放縱一下。就是這些帶點天眞的軟弱，讓我們覺得蜘蛛俠這大英雄同時也像小孩子。

那就像「理想」的基督徒，又要純眞如小孩，又會從上帝得到力量去做好事，去改變世界。

這三集《蜘蛛俠》電影，就像是給基督徒的成長三課。噢，你說，基督徒都是英雄嗎？不不不不，基督徒應該謙卑、順服的。

彼得意外得到超能力，不代表他就成了英雄。就像你我認識的「叻人」一樣，以過人之能去爲自己找來更多好處。

令他成爲英雄的，是他選擇遵從 Ben 叔叔教誨，「能力越大，責任越大」。Ben 叔叔的話是不能不聽的，因爲彼得是在他的愛和正直的言行下長大。既然有點能力，就爲世人做一點事。基督徒也是一樣，聽從教導，行公義，好憐憫，愛人如己。

然而我們總有一日會很洩氣，因爲世道難測，好人難做──別人知你是「好人」可能還會加倍苛刻。續集裏的蜘蛛俠也累了，因爲他和你我一樣，除了幫人，還要照顧自己的學業、工作和生活各種瑣碎事。有一刻，眞的不想再勉強了，反正世界這麼多壞人、這麼多災難，怎樣也解決不了。當感到自身也難保時，便把責任放下吧！

彼得放下的是戰衣；基督徒放下的是十字架。

結果蜘蛛俠還是會回來的，因爲他面對別人的危難，實在不能袖

手旁觀。但很多基督徒走到這地步，卻早已被無力感攔在遠處，心裏不好受，但也感到自己不能作甚麼，最多爲此祈禱。

但有些人，祈禱過後，還是沒有袖手旁觀的 ── 因爲聖靈也沒有 ── 一些信徒領袖和「好見證」就是這樣誕生的。

故事未完。

約伯的故事告訴我們，越是被視爲上帝的「義人」，撒但越是要攻擊和誘惑：「甚麼好見證？偏偏要把他變成壞見證！」

已能克服挫折感的彼得，偏偏克服不了仇恨。是的，那「沙人」（Sandman）是殺父仇人又是通緝逃犯，在公在私也饒不了他。對敵人仁慈卽是對其他人殘忍。

但最令人難過，難過得要背棄愛心的，就是愛的背叛。本來以爲和女友可以進一步發展，連訂婚戒指也準備好了；以爲一心要爲父報仇的好友哈利失憶後可以和好，原來是扮失憶，毒辣得搶走自己女朋友，再贈送一個輕佻蔑視笑容。

嫉妒、憤怒，受害者的感覺把一個善良的人逼進牆角：爲甚麼正義會落得如此下場？天！這公平嗎？

那討厭的自由攝記，還要明搶飯碗！簡直是駱駝背上最後一根稻草。

但沙人的力量太強，反目成仇的好友哈利又步步進逼。這時，由外星生物 Venom 形成的「黑色蜘蛛戰衣別注版 07」向他發出難以抵抗的試探：

「朋友，你要力量嗎？」

人是有罪性的，但又要把它壓下，要做「好人」。直至一天忍不住把壓抑已久的慾望釋放出來，才發現那是多麼的「爽」！

有力量，就可以決定仇人生死；有力量，就可以把「撬牆腳」、已反面的朋友打得落花流水；有力量，就可在移情別戀的前女友面前，盡情跳著奚落之舞：「我不需要妳。我有美女作伴。拜拜！」還有那不自量力的攝影小子，我就是要你不能繼續在這行頭立足！「要寬恕嗎？去教堂吧！」

是的，上帝並不是唯一的力量之源。有時在黑暗中也能得到力量。兩者的分別是，從後者可能立時得到可見的力量，但不持久，要還時就連自己也毀掉，就像向高利貸借一大筆，很快到手，但利息高得殺人。

黑色戰衣就像在毒蛇的膽汁和毒液裏浸泡過，既苦且毒。其實

venom 就是解「毒液」，旣毒害戰衣外的人，也毒害戰衣內的彼得。

很老套的，解毒的良方也是一個「愛」字。

「蜘蛛俠不會殺人的。」和 Ben 叔叔一樣疼愛彼得的 May 姨姨，喪夫之痛不比彼得低，但她堅持「沒有人可以對另一個人操生殺大權。」

哈利做的事很過份。但他不也是被仇恨之心佔據嗎？而前女友MJ ──彼得不知道爲甚麼她要離棄他，但他確知道，自己爲對她造成的傷害感到後悔。力量，換來的是更難過的孤單和不安。

「要寬恕嗎？去教堂吧！」也許蜘蛛俠看過蝙蝠俠的電影，有樣學樣坐在教堂尖塔頂上靜思。也許他知道自己確做了一些很後悔的事情，只能求上帝的寬恕。

你可知道，甚麼人最難捨己？就是擁有很多的人──不論是財富、名聲或能力。但不捨己，就沒有空間領受上帝的恩典。

彼得作出抉擇：他決定要捨棄強橫的力量──不論那過程多麼痛苦。

他找「弟兄」哈利和好，爲做過的錯事道歉──即使那很可能會遭拒絕。

對於基督徒來說，以上兩項其實並不易爲，但加點決心，也是可爲的。不過，最後彼得的一個抉擇，世間不知有多少人可以做得到：

對殺父仇人說：「我寬恕你。」

我相信，那是因爲，哈利不但原諒了彼得，更爲他犧牲性命。寬恕的力量，可戰勝仇恨。

「人爲朋友捨命，人的愛心沒有比這個更大的了。」（約 15:13）

人需要力量前進，但要想清楚力量的來源，以及換取的代價。然後，你便可以選擇，你要哪一種力量。

\ 默想反思 /

1. 你要力量嗎？從哪裏你能獲得真正的力量？得到力量的代價又是甚麼？

2. 你認為最能展現信仰力量的行為是甚麼？行神蹟？奮興講道？教會倍增？殉道？饒恕？復和？照顧家庭？爭取社會公義？其他？……

3. Peter「坐在教堂尖塔頂上靜思。也許他知道自己確做了一些很後悔的事情，只能求上帝的寬恕」，之後他對殺父仇人說：「我寬恕你。」正如主禱文中：「免我們的債，如同我們免了人的債。」（太 6:12）到底如何理解這禱文？是神先寬恕我們，我們才有力量去寬恕人？因為我們寬恕了人，神祂便要寬恕我？還是在我們寬恕人的經驗中，更加體會神的寬恕？

教案連結

靈程光影
穿越電影世界的心靈行旅

《讀愛》（The Reader）

| 2008 年 | 124 分鐘 | 美國、德國 | 劇情 |

二次世界大戰之後的柏林，少年米高與中年女人漢娜進入了一段情慾關係。後來漢娜突然離去，當米高再次看見她之時，她已成納粹戰犯。然而漢娜有一個秘密，比起受指控為戰犯，更令她感到羞恥。

《讀愛》
纏繞生命的羞恥

說漢娜是一個罪人，是不以為過的。她曾為納粹德軍效力，看管猶太人集中營，把他們一批接一批的送上開往奧斯維辛的「死亡列車」；更試過見死不救，讓受押猶太人被困火場，堅拒開門放生。

這樣冷血的人，何以同時心裏脆弱敏感？何以當年被她迷住的少年米高，數十年後仍念念不忘？何以無數觀眾不因戰犯被罰，公義得彰而興奮，卻為這女人的情感而唏噓不已？

也許，是因為她的原始與無知。

那年夏天，德國，少年米高得了黃疸病，卻總不願留在家。有一次街頭病發，被少婦漢娜遇見、照顧，後來卻發展出一段情慾關係。很奇怪，他每次到她家，是為了性；她卻除此以外，要求少年朗讀文學經典。從那天開始，直至他們最後一次見面，她都喚他作「孩子」。最初只是肉體誘惑，後來他卻動了真情。她的忽冷忽熱、在情慾上老練，在少年的讀書聲中卻天真地痛哭；她欣賞少年的文學知識……都教他揪心。

可是漢娜呢？她可只是貪戀這「孩子」初熟的肉體？分手前最後一次吵架，米高說她一直都不關心他的想法和感受，只會指示他幹這幹那。那天是他的十六歲生日。之後，漢娜不辭而別，留下心碎的少年。

再遇，米高已是法律系學生，跟著教授在法院旁聽納粹戰犯之審訊，卻驚見中年的漢娜在犯人席上。法官憑一份文件，加上其他犯人作供，指漢娜當年不只看管猶太人，更是當中主管，發出文件指示殺人，控以謀殺罪，要她提供筆跡對照為證。

她沒有作過這樣的事，卻認了罪。少年憶起往事，倏地發現：漢娜是個文盲！

為了尊嚴，或，出於羞恥，她不惜終身被囚也要隱藏自己為文盲之事實。

米高眼睜睜看著她受著過於所當的罪，沒有告訴任何人她的秘密。他可惱怒她當年其實沒有愛過自己，只是利用他的知識？可羞於公開與這犯人的關係，也不齒其所為？他也許念及漢那目不識丁之恥，維護了她的尊嚴？

但一個戰犯又有何尊嚴可言？但那時代像漢娜這樣一個平民婦女，半字不識，在一片民族狂熱中看著納粹上台；為找工作餬口而成為共犯。她面對法官指控，仍振振有辭地反問，職責在身，須好好看守「犯人」，「換了你又會怎麼辦？」

這是顛倒是非黑白！但她確缺乏是非判斷能力。你或會想起孟子說過「是非之心人皆有之」、「無不忍人之心，非人也」，怎會對人命喪於眼前而無動於衷？「這是責任！」漢娜拍桌高呼。諷刺的是，漢娜被監禁二十多載，年老獲釋，監獄看似寬容，卻無視漢娜無親無故，與外界脫節多時，在社會根本難以生存。但這是監獄的制度，官吏有責任執行。盡責而無情，可不是納粹時代的專利。

「是非之心」和「惻隱之心」確為天性，卻並不完全，因人皆有罪性。漢娜無知，卻會被文學作品感動得流淚；她工作盡責，會

被上司提拔，卻沒有判斷大是大非的智慧。雖然她無進過學校，卻不是白紙一張。社會輿論、民族熱情曾對她日復一日地洗腦；有原始之情慾血氣，卻不懂人情世故，不知自制。

或許米高對漢娜是感到悲哀多於指責，因為他更難明白，為何像他父親和教授一輩的有識之士，也讓納粹上了台！

米高長大後一直不能和異性保持穩定成熟的關係。離婚後回到老家，執拾舊物之時，偶爾被封塵的文學書籍勾起那個難忘的夏天。情感的缺口被打開，他掏出錄音機，翻開書，從荷馬的《奧德賽》（Odyssey） 開始，一句一句的朗讀，一本一本的錄下來，寄給獄中的漢娜。是補償嗎？

孤單的漢娜，滿頭華髮，聽著陌生的聲線讀著記憶深處的字句，融化了她霜冷的心頭，止不住眼淚。她按錄音帶的書目從圖書館借書自學，更試著寫信給米高，他卻從不回信。直至她臨近出獄之時，米高才被監獄職員找到 —— 作為她唯一的聯絡人，到監獄與她見面。

前塵往事纏繞在心靈深處多年，剎那間翻出來，竟令人更加不知所措。沒有蕩氣迴腸飛奔相擁熱淚盈眶的大團圓，只有半絲無奈和尷尬。他只有匆匆告別。

一直不知爲何而堅執的漢娜，自殺了。

他悲從中來。

牢房壁上貼著她抄寫的文學篇章，童稚的筆跡告訴他，文字曾經爲漢娜帶來希望，最後她卻絕望而去。遺書中沒有記下對他的愛情，只是把積蓄交託給他，轉送給當年大屠殺的倖存者。知識漸漸抹去她最初的羞恥，也讓她了解舊日的錯誤。但不變的是，她一直都渴求愛與接納。少年的朗讀聲帶著愛，但他最後的冷淡和遲疑卻讓她脆弱敏感的心靈崩潰在地。在過去，恥辱感使她熬得過不白之冤，最後不被接納的恐懼和羞恥反而令她放棄生命。

其實米高不是要拒絕她，只是他還未懂得愛；多年來疏離父家，看著漢娜受屈，冷落親生女兒……縱然學識給他帶來名利，卻始終羞於面對自己的軟弱。

故人已逝，無法回頭，他帶著漢娜的零碎金錢找到當日倖存、今日擠身名流的猶太女孩。然而對方拒絕接受這種補償。米高也把橄欖枝伸向女兒：在漢娜的墓前，米高終於把埋藏心底多年羞於人前的經歷向女兒告解。那一刻或許他已知道，無知不是罪，沒有愛才是爲自己與別人帶來痛苦的罪魁。

\ 默想反思 /

1. 漢娜為了尊嚴，或出於羞恥，不惜終身被囚也要隱藏自己為文盲之事實；這是功能正常的羞恥感嗎？還是反應過大？你對漢娜為文盲有如此大的羞恥感有甚麼想法？

2. 米高重遇漢娜後冷淡的態度，是一種對自己感到羞恥的防衛機制嗎？他為甚麼感到羞恥？為少年時曾放縱情慾？為心中有對漢娜不辭而別的憤怒？為對漢娜在戰爭中行為的厭惡？為自己無法維繫家庭？

3. 漢娜在戰爭時期忠心執行上級指令，卻缺乏對黑白是非的判斷能力，若說她是在納粹的戰爭宣傳中被扭曲了道德直覺，你能體諒這樣的人嗎？嘗試易地而處，你能違背上級的命令去拯救猶太人嗎？

靈程光影
穿越電影世界的心靈行旅

《飲者傳奇》(La leggenda del santo bevitore)

| 1988 年 | 127 分鐘 | 意大利 | 劇情 |

有一個在巴黎的流浪漢，天天買醉。某日他得到一個陌生人施贈二百法郎，可以用來吃喝，但也請他考慮奉獻給某家教堂裏供奉的聖人。流浪漢來回於酒館與教堂之間，每當他想去教堂奉獻之時，總是有各種突發事情阻撓。

《飲者傳奇》
靈程路上的軟弱者

「不要醉酒，酒能使人放蕩；要被聖靈充滿。」（弗 5:18）

《飲者傳奇》（The Legend of the Holy Drinker）是滄海遺珠，曾獲威尼斯影展金獅獎，但今天已漸漸為人淡忘。飾演男主角的 Rutger Hauer 最為影迷熟悉的演出是《銀翼殺手》（Blade Runner）中的反派 Roy，那個在死前唸出詩意獨白「雨中淚（Tears in Rain）」的生化人。雖然他在《飲者傳奇》中的潦倒造型與《銀翼殺手》中的冷酷殺手形象截然不同，觀眾仍可認出他那蔚藍色的憂鬱目光，總會穿透滂沱的雨水，觸碰人心柔軟之處。

《飲者傳奇》以一個酒徒爲主角，描寫他於恩典與苦罪之間兜兜轉轉，最後歿於永恆的嘆息之中。電影改編自奧地利猶太裔作家 Joseph Roth 的小說，帶有自傳色彩。Roth 本人和故事主角 Andreas Kartack 一樣，在流離、酗酒、貧困與信仰中掙扎，亦是英年早逝。

Andreas 是個流浪漢，睡在巴黎塞納河畔的橋底。有天他偶遇一名紳士，紳士無緣無故地贈予他二百法郎。Andreas 本來表示無功不受祿，紳士則回應這皆是神恩，若 Andreas 感到承擔不起，可以在週日彌撒時，到教堂把該筆金錢奉獻給聖女小德蘭（Thérèse of Lisieux）。之後 Andreas 有連串奇遇，他三番四次試圖到那教堂奉獻二百法郎，卻又因爲各種原因而無法成事。有時他是因爲酒色財氣而變回窮光蛋，又會重複地再得到一筆錢，又再花掉⋯⋯

故事裏，彷彿有兩種力量拉扯著主角：一方面，恩典以奇蹟的方式多次降臨，有時是「執到寶」，有時是「聖人到」；另一方面，他酗酒的惡習和肉身的軟弱又使他得而復失。表面上，這是一個道德寓言，教訓人「惡習使人浪費恩典」；從另一角度看，這是一個有關失而復得、迷路與回歸的故事。

觀衆怎樣辨別恩典臨到 Andreas 身上呢？他所受的恩惠是甚麼呢？其實塞納河畔那位紳士的話，已經指出其模棱兩可的開放

性：你可以用來吃飽穿暖，也可以回教堂奉獻。Andreas 是一個有信念但軟弱的人，正體現出「蒙恩的罪人」這身份的兩面。紳士對一個流浪漢作出慈惠之舉，不論後者花了那筆錢來吃喝還是奉獻，都是恩典 —— 其實 Andreas 兩種恩惠都經歷了。

其實那筆錢是一個「麥高芬」（MacGuffin），即推動敘事但本身並非主旨的戲劇設計；若 Andreas 順利地把二百法郎奉獻回去，故事就此完結，我們便不會跟著他洄游於回憶與現實之間，在其中探索恩典與苦罪之間的糾結。《飲者傳奇》提問的是：一個持續地掙扎於苦罪中的酒徒，怎樣持續地經歷著恩典？恩典和苦罪其實不必非此即彼，在人的經歷中也可以是並存的。有一回他無法完成「還恩」的任務，並非因爲惡習或自我滿足，而是爲了援助朋友。怎料他這回是被騙了，於是「有沒有好行爲」與「是否蒙恩惠」兩者之間，不能簡化爲某種直接的道德律或報應觀。

這些主要情節由角色的行爲所推動，其實只是《飲者傳奇》敘事的表層，由此引出 Andreas 的內心活動。酒醉的狀態並非單純使他麻木從而忘掉痛苦，反而打開一道門，邀請觀眾和他一起進入回憶、夢境與異象交織的狀態。小說對主角意識活動之描述相對簡短，但在電影中則佔了重要的篇幅。導演 Ermanno Olmi 就著主角的內在心境和外部環境之間的轉換看似隨意，零碎無言的閃回片段與當下所見的景象靈活流轉：已然歸去的父母、無法挽回的罪行、不堪回首的愛情，還有小德蘭以鄰家女孩的形象出現，

如幻似真。回憶是他內部的主觀視點，眼前景象則是他外部的主觀視點，還有一些分不清是記憶、幻覺還是異象，伴隨著煙霧與雨水，透過 Andreas 時而清澈、時而混濁、時而濕潤的雙眼，意識流的蒙太奇如水一般漫過主體內外之際。

如塞納河的水流，或突如其來的暴雨，經過 Andreas 雙手的錢何去何從，或許毫不重要，怎樣也不比其靈魂的負擔更沉重。如果重複地發生在他身上的奇事是從上而來的呼召，與其說是叫他戒酒「重新做人」，不如說是呼喚他卸下勞苦和重擔。電影中的 Andreas 最後被人抬到教堂，看到門後的小德蘭。他手上拿著一張鈔票，還未說出想說的話便斷了氣。然後導演以字幕卡把觀眾引到原著中的結尾，無言的嘆息，是 Andreas 內心的禱告：

「主恩賜我等飲者如斯輕省美麗之死。」—— Joseph Roth

\ 默想反思 /

1. 恩典以意外之財的方式多次臨到 Andreas，如影隨形，誠然他是蒙恩的人；而不堪回首的往事、苦罪亦牢牢纏繞他，他被罪綑綁；Andreas 的境況，是所謂「蒙恩的罪人」的寫照嗎？「蒙恩的罪人」是基督徒身份上的認知，還是一種可以轉化的狀態？「蒙恩的罪人」有軟弱與剛強之分嗎？

2. 讓 Andreas 故事繼續推進的，是一項「還恩」的任務，要到教堂將二百法郎奉獻，恩典呼召人尋找上帝，你認爲他是否找到？

3. 導演在 Andreas 醉酒的狀態中加入回憶閃回的片段，你認爲 Andreas 的酗酒是要逃避這些回憶，還是珍視這些回憶？上帝不受時間及空間限制，祂能臨在於我的回憶中嗎？祂也能轉化我們的回憶嗎？

《這不是一場葬禮》
(This Is Not a Burial, It's a Resurrection)

| 2019 年 | 116 分鐘 | 南非 | 劇情、敍事 |

寡婦 Mantoa 老年喪子，生無可戀，準備尋死。然而，她想安葬在自己家園的想法卻遭到重重阻撓，因為全村正面臨被逼遷的威脅。Mantoa 團結村民抵抗，反而感到生活的意義，但始終是螳臂擋車。

《這不是一場葬禮》
生之勇氣

若果信仰可以賦予人生意義，反過來說，失去人生意義也可使人失去信仰。《這不是一場葬禮》的主角是一個年邁寡婦，接連遭受喪親之痛與權勢逼迫，彷彿一切都失去意義，只有虛無，那麼原片名 This is Not a Burial, It's a Resurrection 中的「復活」所指為何？

在非洲有一個國中之國萊索托（Lesotho），國境完全被南非所包圍，政治和經濟上都很倚賴南非。這個國家曾為英國殖民地，絕大部分國民信奉基督宗教。住在山村「拿撒勒」的老寡婦

Mantoa 等待在南非當礦工的兒子回家過聖誕，卻得到工殤惡耗。萬念俱灰的她只求死後在村中墓地與祖先同葬，結果連這卑微的願望也幻滅，因為水壩工程將會淹沒這個地方。雖然阿婆一度團結了全村上下，向有關當局爭取不遷不拆，對方卻以殺人放火的手段威嚇。最後在村民遷走的行列中，阿婆倏地回頭、脫衣、坦然迎向強拆者……

苦難難受，面對苦難的問題沒答案亦難受，但面對別人廉價的「解答」可能更難受。阿婆不是像約伯那樣的「義人」，只是尋常人家，在兒子身上體驗到上帝的恩慈，也因此在喪子之後失去了信心。曾經喪偶的神父表示感同身受，嘗試見證徹底向上帝主權順服的平安。但這些「正確的教導」對阿婆來說沒有意義。她沒有得著安慰，或許上帝就是不安慰。

壞事一浪接一浪，沒有最絕望，只有更絕望。阿婆一直不肯換掉喪服，令村民開始覺得她走火入魔，但這其實是一個預兆 ── 這個村莊也在步向死亡。本來團結村民保衛村莊的行動令阿婆一度從死蔭幽谷裏走出來，卻旋即被邪惡的一方逼回去。她跪倒在自己掘的墓穴中，無語問蒼天。

對阿婆來說，神父的分享和教堂的敬拜再沒有意義，或許不只是因為她遭受苦難，而是因為這個教會見證出來的只有一片虛無。這個神父的角色並不代表世界上所有的神僕，但他是村內唯一的

宗教代表兼知識份子，整條村都看他活出怎樣的見證。神父是個典型的老好人，但他的順服，結果是向以「經濟發展」之名輾壓百姓的順服；他的軟弱，只能映照出世俗權勢的大能。這個逼遷的情節來自現實，萊索托政府配合南非及世界銀行的水利工程計劃，令很多人失去家園及賴以維生的天然資源。所以這裏拋出的問題，不只是那個虛構的神父角色要面對，而是現實信徒都可能會面對的問題：若要在困境中順服，在生命中見證出來的，究竟是向哪一個主權順服？

導演 Lemohang Jeremiah Mosese 似乎亦藉著對「發展」的質疑，反思基督教、殖民與現代化的關係。宗教與世俗權柄的共謀、社群傳統之消逝並非新鮮事：這條村莊本來叫「悲傷草原」，是歷代祖先安葬之地；在十九世紀，法國傳教士來到，是歐洲殖民者的先頭部隊，把這裏改名為「拿撒勒」。這次水利工程要把村民的祖墳連根拔起，也翻起了阿婆世代相傳的族群記憶。這裏帶出了有關文化的二律背反：傳統價值應薪火相傳，但文化總是在跨界交流與變動之中構成。問題是，諸事變與不變是誰說了算？變或不變，對人的生命與心靈有怎樣的影響？

阿婆的經歷其實是一個被轉述的故事，出自一個「講故佬」之口。他身處於一個破落的酒吧，吹奏著當地傳統樂器 Lesiba，講述「這個地方」的過去，暗示「發展」的美好圖景往往是慘淡收場，如今教堂鐘聲與眾人的靈魂皆已浸沒在水底之下。那麼之後電影

展現的一切，是否意味著米已成炊、烏雲蓋天，所有意義和信念皆被現實的黑手捏碎？

電影的結局正是抗衡著這看似宿命論的開場。阿婆無法改變死亡和遭受迫遷的事實，但她選擇了不妥協，卻不動武；高舉雙手，卻非投降。導演沒有描寫她赤身步向壓迫者的結果如何 —— 是生是死 —— 他突然把鏡頭從老人的背影轉向 180 度，映著一個見證著這重要時刻的小女孩：「她看到的是復活，卻非死而復生，而是活人重生。」

阿婆的背影令人想起卡繆在《反抗者》中這樣回應荒謬無意義的世界：「我反抗，故我存在。」即使無法改變不公義的現實，仍然要對之說「不」，因為這樣同時也就是對某些價值說「是」，而非墮入虛無。

另一方面，導演對「重生」之詮釋亦指向了新的盼望：並非僅僅寄望死後復活，今生便俯服於世界，向地上的權柄屈服，而是於此世見證生命更新。

\ 默想反思 /

1. 《聖經》中，神帶領以色列人入迦南時應許會打勝仗，亦會在巴比倫兵臨城下時，叫猶太百姓投降；面對「經濟發展」帶來的改變，神父的立場是否必然錯誤？如何在處境中分辨說「不」或接受？

2. 面對強拆者，阿婆回頭、脫衣、坦然迎向他們，以最脆弱的姿態面對壓迫者，這是所謂「無權勢者的力量」（The power of the powerless）嗎？還是以卵擊石？這能夠向世人展示不公義的眞相嗎？還是讓壓迫者更恣意妄爲？這類行動會帶來改變嗎？

3. 導演詮釋「重生」是生命的更新，這亦是老我的死去，若說基督徒在世是經歷生命不斷更新及老我逐漸死去的過程，你是比較體會新生命的豐富，還是老我的頑固？「重生」是聖靈的工作，但人可以如何配合去讓聖靈工作？

靈程光影
穿越電影世界的心靈行旅

《空手道》(The empty hand)

| 2017 年 | 88 分鐘 | 香港 | 運動、劇情 |

真理的父親是空手道教練,長大後討厭空手道,只希望在父親過世後把道場改成劏房出租。怎料父親卻把 51% 業權留給了館內最不守紀律的徒弟陳強,令真理好夢成空。受到連串打擊的真理一蹶不振,陳強便挑戰她,只要她堂堂正正完成一場比賽,就會把業權轉歸給她。於是真理重新穿上空手道袍,接受陳強的訓練。

《空手道》
How to be a loser

杜汶澤一向予人的印象都是充滿挑釁性的,雖然他執導的《空手道》顯出比較沉著和文藝的一面,但他那種不服輸的心態依然可見,正好與戲中的信息形成有趣的張力。《空手道》是一個關於「如何失敗」而非「怎樣取勝」的故事。雖然戲中藉著空手道師父(倉田保昭 飾)之口表達「空手道的精神是見義勇為,而不是自我證明」,這齣戲終歸是有關「面對自我」的,而那跟俠義精神其實可以並行不悖。

杜汶澤飾演的陳強很年輕時便取得黑帶,幫忙訓練師父的女兒平

川眞理（鄧麗欣 飾），後來卻因為常常打架生事而被逐出師門。後來他坐過牢，又當上「有勢力人士」的保鑣，卻遇上了一次「見義勇為」的機會，倒戈而戰。當陳強再次出獄時，得悉師父已離逝，卻把道館的大部分業權留給他，其實是再次讓他代為訓練女兒。

平川眞理遺傳著一身空手道細胞，小時候曾天天嚷著要練習，卻在一次比賽失敗之後斷然放棄，並歸究父親迫她習武。當她得知父親把道館的大部分業權交給陳強後，雖深深不忿卻也無可奈何。陳強要她重新鍛鍊，並打一場擂台戰，以此為換取道館業權的條件。

這題材的電影通常是拍成熱血勵志的風格，但《空手道》大部分篇幅都是慢版的抒情節奏，視覺風格尋求簡約、優美。影像重於敍事的程度，使某些段落猶如攝影機廣告。杜汶澤聰明地運用了大量慢鏡頭，既有充撐時間之效，亦在配上古典音樂之後營造出詩情畫意之感，與他為觀眾所熟悉的低俗鬧劇形象形成極大對比。雖然他說這齣是「技擊片」，但動作場面不多，亦不算悅目，毋寧說其實這是一齣以武術為題材的文藝片。

說這是言志之作，便須了解一下創作背景。杜汶澤近年因為常常公開議論時政，並持反建制立場，失去了很多演出機會，便在空手道上抒發其鬱結。所以《空手道》有半自傳的色彩，可見他把自身的挫敗、修練的武藝、熱愛的攝影和眞實世界的空手道師父

都放進戲裏。透過平川眞理的成長經歷，他要在一個追求勝利的競爭社會講一個「如何成爲失敗者」的故事。

眞理的盲點是「輸唔起」，失敗的心理壓力使她扭曲了回憶，騙自已從來都不喜歡空手道，把責任卸到父親身上。陳強傳授予她的其實不只是空手道，還有面對失敗的心態。「面對失敗」有兩種：一是以成功爲目標奮鬥，但事實上必然會遭受挫折，人要學習怎樣克服挫折而繼續前進；第二種，是明知有些事情必然會招致挫敗，卻選擇一頭栽進去，頭破血流也是求仁得仁。電影結局有一場想像的拳賽，眞理被狠狠打敗，倒在血泊中，卻露出滿意的笑容，而擂台邊的陳強也滿足地淡出了，因爲她已「學滿師」，終於懂得接納失敗，而非逃避。

然而更能體現出第二種「面對失敗」的其實是陳強。他要爲「有勢力人士」當保鑣，因爲他已坐過牢，很難找到體面的工作。後來到他決定要與老闆爲敵，並與其他保鑣搏鬥之時，便等如選擇成爲一個更徹底的失敗者，因爲他將會再次坐牢，並且連「撈偏門」的機會也失去了。陳強知道背叛老闆的下場，卻爲了保護弱者而戰鬥，只因爲記起了師父的教誨：「空手道精神是見義勇爲，而不是證明自己」。

其實《空手道》講的是回憶：勿忘初衷，然而有些事情比勝利更重要。從自欺欺人到忠於自我，是成長的一步；爲了比自我更重

要的東西而自我犧牲，則是更進一步的理想了。

\ 默想反思 /

1. 因「怕輸」而逃避參與，或不踏前一步，你有甚麼經驗？你最「輸唔起」的是甚麼？

2. 若要克服「怕輸」是狠狠地輸一次，這是必然的嗎？如何才能在成長中不被「怕輸」所羈絆？

3. 基督教信仰涉及將人生成敗得失的定義交給上帝，由祂作最後評價，這能幫助人更忠於自己，不忘初衷地奮勇向前嗎？還是使人更「hea」地原地踏步？

教案連結

《比海還深》(海よりもまだ深く)

| 2016 年 | 117 分鐘 | 日本 | 家庭、劇情 |

良多年輕時出版過一本得獎文學著作，之後一直再無優秀作品面世，僅靠私家偵探的工作謀生。他內心苦悶，鬱鬱不得志，生活潦倒，把賺得的錢都揮霍在賭博上。妻子響子再也忍受不了，帶著兒子離開。一個颱風吹襲的晚上，他們與良多的母親共處一室，會否爲這「家庭」帶來轉機？

《比海還深》
不濃如血，不淡如水

看這齣戲是要反著看的。電影以「比海還深」爲題，但其信息卻是其反論：「沒有甚麼感情比海還深，連母愛也沒有」。顯然，這並不是很多觀衆能接受的，他們可能仍堅持電影的母題是「血濃於水的親情」。這種「不能接受」的情感，猶如男主角良多無法放棄已逝的婚姻，也不能面對自己其實沒有當作家的能力的事實。

是枝裕和描寫這種生存境況及其箇中百味，莫名曖昧，模棱兩可，使觀衆有不同解讀。我認爲《比海還深》的重心是：藉著描寫一

個在世界被視爲「Loser」的人，提出一種中道的人生哲學。所謂「失敗」是相對社會的「成功」來說的，跟人生的本質沒有必然關係。

世人習慣的觀念其實皆爲過份，不是對「成功」有過份的慾望與幻想，就是對達不到成功標準的「失敗者」過份地苛刻。這種過份的態度不只放諸他人身上，也構成自我審視的目光。良多的人生步伐拖沓窒礙，正是被這種在成功與失敗之間的過份力量所牽制著，直至結局才釋然。

《比海還深》的情節很簡單，卻回味豐富。良多十多年前出過一本書，拿過文學獎，此後卻從沒新作，在偵探社兼職，老說是爲新作搜集資料。其實他當偵探也是極不稱職，取得別人偷情的資料卻用來敲詐，報告都是亂寫的。他跟亡父之前的關係不好，卻偏偏承繼了父親的嗜賭惡習（大概因此前妻響子才離開他）。良多不想成爲像父親那樣的人，良多的兒子也不想像父親那樣子。

良多對復合仍有幻想，不願看到響子發展新戀情的事實。良多的母親淑子對亡夫沒有太多牽掛，著緊的是兩個子女。長女和次子雖已屆中年，都有長不大的一面，「子女成材買房供養父母」的美夢逐漸消散了，大概要在這公屋中終老吧。有一天刮起颱風，響子帶兒子探望淑子，「湊巧」良多也在，不再是一家人的一家人便在良多成長的「祖屋」裏渡過一晚。

最初看來風暴是良多和響子破鏡重圓之機，卻原來是要他們更輕省地各自上路，是對無可挽回的消逝之確認。這一晚淑子本欲「將計就計」給他們促膝談心的機會，以天時地利求人和，但結果並無帶來關係的轉變（例如復合），而是使人直面既定之現實。預期的轉機都不會實現。

所以是枝裕和是有點反浪漫的 ── 「浪漫」可指涉特別的美好，也可指向特別的悲慘 ── 有的是現實、是生活。沒有那麼戲劇化的改變、沒有宿命的轉折、沒有比海還深的感情，也沒有火紅的熱血。良多的孩子在棒球場上不想當英雄，對將來的期望是當公務員和買房子，是勢利社會所產生出來的早熟孩子。響子找新男友，既講感情，也因爲其豐厚財力，現實得來不悖常理。

現實不是邪惡，平凡也非缺陷。淑子在風暴一晚兩次流淚，都在她接受現實的一刹那。一次是孫兒說將來要買房子三代同堂一起住的「理想」，天眞與「老積」並存，其心意是眞誠的，但老人大概活不到那日子了。另一次是淑子問響子是否眞的沒可能跟良多復合了，得到了確認，但響子對她仍然親切。現實不可愛，也沒有那麼可怕。

而良多呢，他要接受跟響子早已各走各路的事實，但父子血緣是無可改變的，這反過來又幫助他跟亡父達到了超越生死的互相諒解 ── 雖然那遲來了。風暴使城市運作停頓，其意象是停滯與

窒礙。主角的窒礙是心態跟不上人生轉變的步伐，不願放手，也就無法前行，而風暴是讓人心與世事重調同步的時機。願意面對人生如是，就能輕裝上路。結局時，一切回歸平靜，響子不再對無力付贍養費的良多滿懷怨恨，而良多父子將來也能繼續見面。

《比海還深》並不是一個失敗作家的故事，面對現實：良多從未成為作家，若果他持續有作品發表，第一本書可被視為其作家路的開端，但他只是寫過一本書，便沒有寫下去了。說他是一個失敗的作家，是假設作家是其人生的常態，但那並非必然。

不如說，良多是個失敗的偵探，所需要的敏銳觀察力和書寫能力跟作家是共通的（更何況其調查報告也不依據現實而胡謅），他只是在「出道」前出版過一本書。寫作是其人生的獨特事件，而不是常態，那正是良多一直不願面對的現實，所以才停步不前，更沉溺於賭博那種「改變」的病態幻象。

一個真正的作家，是不會因為良多所面對的情況而中斷書寫的。他有多熱愛寫作？出版社請他為漫畫當編劇，他卻因為所謂的作家尊嚴而拒絕。其實世道艱難，能當漫畫編劇也是一個機會，拒絕真是因為尊嚴嗎？那明顯跟其吊兒郎當的性格不符。究竟書寫對其有何意義？是為了面子還是志趣？對於這些問題，是枝裕和在戲裏沒有深究。

\ 默想反思 /

1. 良多不肯面對獲得文學獎只是偶爾成功的現實，窒礙了人生的步伐，你有被過往成功限制了成長的經驗嗎？保羅說：「忘記背後（他光輝的猶太履歷），努力面前」，基督徒要忘記的是甚麼？

2. 良多不想成為像父親那樣的人，卻承繼了嗜賭惡習，成為了自己不想成為的那種人，他有甚麼的想法及感受？罪惡如此在家庭中延續，到底有甚麼機制？

3. 良多確認與響子無法復合，接受理想是不會實現的現實，「現實不是邪惡，平凡也非缺陷」，人生路上邁步向前，接受現實是值得感恩的事情嗎？基督徒如何能在現實及平凡的生活中感恩？

《醉美的一課》(Druk)

| 2020 年 | 117 分鐘 | 丹麥 | 喜劇、劇情 |

四位高中老師面對日復日的教學生活，眼看學生對上課不感興趣，越發覺得沉悶無趣，他們決定做一個小型社會實驗，每天飲定量酒清來提高士氣，起初計劃進行得非常好，後來卻逐漸失控。

《醉美的一課》
失控作爲一種人生哲學

酒精無國界，丹麥電影《醉美的一課》(Another Round) 以飲酒爲題，醉落存在意義的大哉問。在戲裏，酒是一道橋，通往的另一端才是電影的核心：失控。要控制失控，注定失控。凝視著尼采的深淵，作祈克果的信心之躍，跳出酒神之舞，靠電影魔法，永不墮下。

人在甚麼時候喝酒？有人只限喜慶與澆愁，有人天天以酒爲佳友。在我還未到別人能合法賣酒給我的年紀時，從兩個場景知曉喝酒可以是快樂的：一是學校，中文課教到的古代才子皆好杯中物，個個鬱鬱不得志，詩仙李白更勸《將進酒》；二是教會，

靈程光影
穿越電影世界的心靈行旅

耶穌第一次神蹟,就是在婚宴變水爲酒。

酒精使人自控力降低,可以令平常拘謹的人放鬆心情,輕談淺酌不夜天。在中學教書的男主角 Martin 和另外三位同事兼好友,人到中年,漸漸失去生命的熱情。他們試圖按學者 Finn Skårderud 提出的「人天生酒精濃度過低,最好提升到 0.05%」假說做實驗,突破人生困局。

他們最初小心控制份量,用酒精濃度計測量調控,結果眞的在工作時充滿能量,更改善了學生的學習氣氛。這階段,導演以字幕卡顯示角色在電腦輸入實驗資料和酒精測量的濃度變化,呈現出科學的、理性的感覺。

Martin 等人這種方法,是以酒爲藥,但酒是失控之藥,他們要做的是控制「失控」本身,注定徒勞。 控制是功利的,講求效益,要理性計算,往往有解決問題的實際考慮。Martin 的問題是甚麼?丹麥是世上快樂指數最高的幾個國家之一,民主自由、福利高、工時短、環境優美,普通中學教師能住過千呎大屋。但 Martin 仍不快樂。

戲裏提及過丹麥哲學家祈克果(Søren Kierkegaard,又譯「齊克果」),曾深思「存在的焦慮」(Angst,又譯「憂懼」)這課題。這是一種沒有具體對象或原因的焦慮,屬於自由的人,而

自由的另一面是茫然。

但 Martin 的狀態更像是一種苦悶（ennui）。他年輕時是優秀學生，卻因爲家庭責任而放棄了博士獎學金，昨日之日不可留。多年以後，家人關係淡薄，學生不尊重他，今日之日多煩憂。他的三個老友境況類似，欲以酒作引，精確控制，重燃熱情。但這是矛盾的，因爲酒令人失控，越搞越禍，最終導致其中一人投海自殺的悲劇。他們曾提及文豪海明威，欲效法他三杯下肚思如泉湧，卻忘記他最後吞槍自盡的悲慘下場。

戲裏戲外，人們面對的還有另一困境：荒謬。導演 Thomas Vinterberg 本來想拍美酒謳歌，在女兒學校取景，讓女兒及一衆同學參演。怎料開鏡後幾天，其女兒遇上交通意外身亡。命運非人所能掌控，逝去的親人和時光皆無法追回，喝更多酒也不能澆愁。人生無意義，理想求不得，所愛痛別離；盡力無解決，弄巧反更拙，這就是存在的荒謬。

電影最後以 Martin 展開雙臂飛躍向海的定鏡作結，令人想起祈克果對荒謬的終極回應：「信仰之躍」（Leap of faith），在未知迷茫之崖跳向上帝的懷抱。既無去路，不如放手一博；Martin 婚姻瀕臨破裂，仍盡力示愛挽回，柳暗花明；他另一個同事，恐怕一個學生因考試壓力會再次崩潰，讓他偷偷喝酒壯膽，又過一關。

但《醉美的一課》不是祈克果派福音電影,角色們跳海或跳舞,都沒有跳到宗教信仰那邊,反而蹈向說「上帝已死」的尼采(Friedrich Nietzsche)。最後一班學生畢業,在城內巡遊慶祝,飲多杯勝嘅喜氣洋洋。剛爲故友扶靈的 Martin 等人,哀慟有時,跳舞有時,決定與喜樂的學生們同樂。

尼采以希臘神話中的酒神 Dionysus 爲熱情擁抱生命的象徵,與代表理性的太陽神 Apollo 相對。此片不是眞的要復甦古希臘的酒神祭祀,而是從中提煉出一種人生態度:既然世界無可避免充滿苦難,遠非人所能掌控,不如盡情擁抱命運 —— 包括其中的痛苦與失落。這不是試圖控制「失控」,而是肯定「失控」本身。

飾演男主角的 Mads Mikkelsen 對角色情感變化的演繹細膩;他是舞者出身,在最後一場縱情起舞,盡顯影帝風采。結局飛躍出海,與他那投海自盡的朋友互相呼應。後者男人老狗、孤家寡人,絕望而歿;Martin 則是重燃希望,釋懷而躍。

導演沒有拍攝兩者墮進水裏的情景;對自殺者而言,暗場交代,避開了死亡的最傷痛一刻。而 Martin 的最後飛躍,攝影機角度上揚,不見海面,只見天空。導演以定鏡把他凝在半空,彷彿永不會下墮,如鷹展翅上騰。

\ **默想反思** /

1. Martin 人到中年，發現人生格局已定，似乎有種說不出的苦悶，嘗試以酒精幫助重尋生命的熱情；若你的處境跟他差不多，他邀請你加入，你會如何回應？

2. 接受生命是充滿「失控」與「荒謬」，是否等同接受「宿命」？隨遇而安與甘被命運操弄，是同一件事嗎？還是兩者間仍有微妙的差異？

3. 耶穌說：「我來了，是要羊得生命，並且得的更豐盛。」（約 10:10） 主耶穌所應許的豐盛生命，是否即是不再苦悶？若基督徒感到 Martin 般的苦悶，可如何使生命再熱情起來？

《生命樹》（The Tree of Life）

| 2011 年 | 138 分鐘 | 美國 | 劇情 |

男主角事業有成，卻孤單惶惑。在如幻似真的影像與低迴的心聲之間，電影回顧了他從童年的天真到成年後的幻滅。宇宙的創生、一個普通家庭的回憶，以及存在的意義之間，有何相通之處？

《生命樹》
與成長復和

《生命樹》不是商業娛樂而是藝術作品，它不為消費而拍，讓人在幻想世界裏逃循兩小時再回到營役當中；它說的是宇宙與生命，平常，但不凡。不凡之處在於，導演泰倫斯‧馬力克帶著觀眾以一個不同的角度回看我們自以為熟悉的「人生」，其視野卻比起凡夫俗子有所超越。當觀眾步出戲院，電影不一定終結，生活未必如常，因視野已不同。

很多人形容一齣戲沉悶，就說「悶到瞓著」。但「悶到瞓著」，卻仍然感到美好。這就是經典：悶到瞓著所以要一睇再睇；悶到瞓著仍值得一睇再睇。

故事很簡單：主角已屆中年，事業有成，但與枕邊人相顧無言；在辦公室拼搏廝磨，於大大小小的玻璃箱子之間上落穿梭，惶惶然不知所爲。他霎然回首童年，兒時光景歷歷在目般湧現。那時候，母親仍像仙女般美麗；三兄弟有時相親相愛、有時互相傷害；與鄰家孩子天天亂跑搗蛋又怕受罰；父親之嚴苛與母親的教導充滿張力……這就像大部分人的童年，有喜有悲，充滿疑惑。在找到所有問題的答案之前，不經不覺已長大成人，那時候問題減少了，卻不是因爲得著解決，而是早被遺忘。

有時候，遭人遺失在記憶森林的片斷，會在夢中像野兔特然蹦跳出來。《生命樹》其中一個讓人感到沉悶的原因是其剪接過場的手法和節奏。我們慣看了快速跳接之視覺衝擊，《生命樹》卻緩緩地淡入淡出、淡出淡入……少有連貫，卻毫不突兀。那像人在半夢半醒之際，眼瞼半張半合，一時也分不清自己在夢裏還是在現實、在過去還是在今刻；也像胎兒在母親肚子裏，不知清醒與否的混沌狀態。看著看著，觀眾進入夢境也不爲奇，彷彿其內在的自我與電影有所呼應。

《生命樹》之所以能讓我們從平常人生的主題開始而有所超越，是其宗教性之探討。中年的男主角是建築師，是建立者、創造者。多少人努力發憤、日思夜想，在這競爭世界裏抓緊財富地位，以爲那就能安身立命。但男主角這一天嘎然而醒，在玻璃大廈之間的無盡倒映之中，忽爾惶然：何以豐功偉績也不是人生之安然居

處？多年營役之何爲？聖靈的聲音是微小的，主角童年的耳語、母親的叮嚀也是悄悄的，從遺忘的海床漸漸浮現……

爲甚麼人會死？

那孩子後腦被燒，頭髮不再生長，是否他做了甚麼壞事？

爸爸不准我們做的，爲甚麼他自己卻做了？可以讓他早點死嗎？

母親說：

要愛。

要寬恕。

要感恩……

給予的是耶和華，收取的也是耶和華。那又如何？大人說要怎樣怎樣，這樣不准做，那樣必要行。那又怎樣？都沒有道理的（根本都不明白）。

只等有一天我長大，那時候我就自由了。

怎料半生過去，處於自己建造的東西之間，卻悵然失落。以前因爲疑問得不到解答，以及成長時期的斑駁傷痕，使人遠離神，也遠離問題，走上「自己解決」的勞碌歲月之中。導演不說道理，

卻以意像回應：宇宙星辰、明暗生滅。上帝在黑暗中造光，把天和地分隔；天空有雲、熔岩沸騰；那時候，人在哪裏？生命從一顆顆細胞開始演化，然後恐龍統治地球，又被隕石所滅絕。那時候，人在哪裏？小孩子遇上生死、對錯、是非之大問，探尋上帝之玄奧，終必徒勞。導演這一段拍攝宇宙星塵與自然景像，宏闊壯觀（因此這齣戲必須在電影院觀看）。然後男主角出生了，不也奇妙哉？脆弱的生命，爲萬物之一，又渺小又偉大。

導演讓男主角走到曠野地，到岩石林，到遼闊的沙灘，遠離人手所造的，處於那些比人類還老的石頭與大海旁。這時他重遇童年的自己，還有母親、父親、弟弟；還有其他人……這是天堂嗎？上帝在那兒嗎？上帝無所不在，只是被人背向，被人遺忘。主角童年恨父親之專橫，但父親心裏愛孩子，就想孩子堅強，苛刻也是爲了他們長大後能面對殘酷的社會現實。結果主角還是跟著父親的教導，因這社會的確殘酷──但那不是出路。也許這種對父親之反感，令人也逃避天上的父。然而上帝還有母性：要愛。要感恩。要寬恕……母親的叮嚀重現於記憶；上帝總以溫柔忍耐的心，把走失的孩子挽回。

人面對生死對錯，勞碌營役，都是虛空，連聖靈也爲人嘆息。但虛空並不是甚麼也沒有，因爲神愛世人，只是恩典被人遺忘，等待某天人終於回首，細聽那微小的呼喚，悲嘆必轉爲讚嘆。

\ 默想反思 /

1. 你對自己的存在，認為是偶然的粒子碰撞及進化而成，還是
   有上帝的精心設計？

2. 人到中年事業有成，生活無憂，但心靈卻仍空洞，悵然失落，
   除了上帝之外，有其他可以滿足心靈需要的事物嗎？

3. 主角童年時面對父親嚴苛的教導，對其反感，如今父親已逝
   去，主角仍可與記憶中嚴苛的父親復和嗎？這如何能做到？

《馬丁路德金 —— 夢想之路》(Selma)

| 2014 年 | 128 分鐘 | 美國 | 歷史、劇情 |

1965 年，馬丁路德金的民權運動略有小成，但大業未竟。支持他的人越來越多，連美國總統都跟他直接對話，但反對他的人更多。信奉白人至上的三 K 黨暴戾兇殘，政府中也有嗜血的政軍力量。爭取黑人平權運動的那一邊亦有內部分歧，主要來自主張武裝抗爭的一翼，反對馬丁路德金堅持的和平路線。誰知道他的夢想何時才能實現？

《馬丁路德金 —— 夢想之路》
通往榮耀之苦路

《馬丁路德金 —— 夢想之路》的原名「塞爾瑪」（Selma）是一個美國南方小鎮之名，也是美國黑人民權運動的其中一個重要舞台。那一年，人稱「金博士」的馬丁路德金聯同「南方基督教領袖會議」中多位教會領袖到達阿拉巴馬州，策劃了「由塞爾瑪向蒙哥馬利進軍」行動，從塞爾瑪遊行 87 公里至該州的首府蒙哥馬利。當時的阿拉巴馬州長華萊士 （George Wallace） 以及州中主張種族隔離的白人官民，對金博士這群「搞事份子」咬牙切齒，百般阻撓。

雖然那時候的馬丁路德金剛拿了諾貝爾和平獎，但政府的特務組織和地方的種族主義團體在明在暗的攻擊和恐嚇仍是無日無之。金博士的夢仍然離他很遠，好像一場怎樣跑也看不見終點的馬拉松。就算是黑人同胞當中也有抨擊他的、由 Malcolm X 所領導的一翼，說他的非暴力路線無效，面對白人政權的制度性暴力只能勇武地抵抗。金博士怎樣確定他所作的事是正確的？若果事情最終失敗，若果連同伴也跟他各走各路，所謂信念可如風中的一點燭光，不知何時熄滅？

所謂「偉人」也是人，馬丁路德金也有軟弱的時候。戲中有一幕他被捕困在監牢裏，身心俱疲，開始自我質疑。以弱對強，不斷的奮鬥似乎只是意味著不斷挫敗。他爭取到黑人和白人可以一起坐巴士的平等權利，卻仍未爭取到黑人進入票站投票的平等權利。美國總統開始感到不耐煩，以「本年度的首要施政目標是扶貧」爲口訣「耍太極」。

其實，1870 年通過的《憲法第十五條修正案》以及 1920 年的《憲法第十九條修正案》已先後給予黑人男女投票權了，但法例賦與黑人投票權，地方政府卻千方百計阻止他們行使這權利，其中一個方法就是以行政手段令他們無法登記成爲選民 （例如要背誦法例、列舉衆官員的名字之類）。塞爾瑪所在的阿拉巴馬州就是一個極力反對平權的南方州份。那麼，馬丁路德金的行動可以概括爲「我要真投票權」。但馬丁路德金也可能會被指控爲不理民意

的「假民主偽君子」，因爲該州的民意都反對黑人平權啊！是否有必要那麼激進？

的確，寸進也是進步，從林肯總統解放黑奴到「我有一個夢」的演說，每一步皆有血有淚，皆應高呼「哈利路亞！」那麼金博士是否得寸進尺、不夠謙卑、不夠感恩？務實的態度是否等如只「循序漸進」地追求階段性的成果？是否應該「尊重法治」，順服於地上的權柄，而非以抗爭運動催逼政府修改法例？

看見馬丁路德金的軟弱一刻，一起被下在監倉的戰友提起了一句經文：「你們看一看那天上的飛鳥，也不種也不收，也不在倉裏存糧，你們的天父尚且養活牠們。你們不比飛鳥貴重得多嗎？」同爲牧師的馬丁路德金馬上指出那出自《馬太福音》第六章 26 節，那麼 ── 雖然戲裏沒有表明 ── 他也必然知道：

「你們要先求上帝的國和他的義，這些東西都要加給你們了。所以，不要爲明天憂慮，因爲明天自有明天的憂慮；一天的難處一天當就夠了。」（太 6:33-34）

老實說，這是怎麼樣的一種安慰？這裏不是說「你現在很難受，但明天一定會更好的！」不。「你們哪一個能藉著憂慮使壽數多加一刻呢？」（太 6:27）並沒有「不思慮便會令壽數多加一刻」的意思；「一天的難處一天當就夠了」也不意味著「明天便會沒

有難處了」。

這裏並沒有趨吉避凶的求福意志，也沒有講求效益的工具理性，而是直面苦難與福樂常在的人生日常。人可以選擇的不是運勢，而是態度。人可以滿心計較得失，因而在逆境中常常憂慮；也可以信靠上帝，歇力抓住盼望 —— 而他明天可能繼續受苦，可能不；他可能會死亡，也可能繼續活著。

但這一刻，在每一刻，人不知道，只有上帝知道。

所以馬丁路德金從牢獄走出來，跟同伴一起，繼續他的行動。他們不是想通了逆轉取勝的計謀，而是想通了，怎樣迎向苦難與光明。

民權運動者 Jimmie Lee Jackson 在示威後，在母親面前被警察開槍殺死，因而激發了以州政府為目標的塞爾瑪大遊行。戲裏，金博士在停屍房看望死者的父親，他說，他實在想不到任何安慰的說話。老人家不怪他「教壞我的孩子」，沒有說「我不用像父親那一代當黑奴已經很滿足，為甚麼還要搞事？」因為他深深地了解這土地上黑色同胞的苦難。他、他的家人，和馬丁路德金，生的、死的，都選擇了在死蔭幽谷中走義路。

召命，是要命的。同一時期，另一黑人民權領袖 Malcolm X 也被

殺害了 —— 金博士怎可能不想到「隨時輪到我」？ Jimmie Lee Jackson 的父親又怎會不想像自己可能明天便跟著兒子的步伐而去？

金博士對老人家說，「我只告訴你一件事：上帝首先就哭了。」

祂也死了一個兒子。一個迎向苦難的基督。

第一次塞爾瑪大遊行，民眾經過埃德蒙佩特斯橋（Edmund Pettus Bridge）時，軍警已嚴陣以待。示威者要求對話，對方的回應卻是戴上防毒面具，以催淚彈和警棍回應。這一天是 1965 年 3 月 7 日，後人稱之為「血腥星期日」（Bloody Sunday）。暴力鎮壓的影像透過電視機走遍全國，結果引起很多國民（包括白人）義憤，穿州過省到塞爾瑪聲援。

兩天之後，熱情的群眾卻迎來了一次反高潮：金博士率眾走到血腥味仍未散去的鎮壓地點，卻倏地跪下來禱告，然後起來，轉身離去。有些參與者感到困惑：馬丁路德金怎麼不一鼓作氣，勇往直前？這一天被後人稱為「轉身星期二」（Turnaround Tuesday）。然而，一位遠道而來的白人牧師跟友人說，馬丁路德金在禱告中聽從了上帝的心意才會回頭。

那一刻他仍未知道，死亡正在等著他。

在那位牧師被當地的種族主義者視爲「白奸」叛徒而虐打致死後，第三次塞爾瑪大遊行在 3 月 21 日舉行。電影沒有詳細交代的是，上次遊行時金博士那並不華麗的轉身，跟他須等待法院裁定他們和平示威的權利的時機有關。他知道人們從各處各地來聲援，氣勢如虹，民氣散聚之間，該當如何拿捏？他唯有求問神。臨陣禱告之時，上帝究竟跟他說了些甚麼，只有他跟上帝知道。

兩週之間，馬丁路德金不但等到了法院爲他開門，連總統也爲其開路。抗爭者走過了埃德蒙佩特斯橋，民兵和警察不敢再造次，眼睜睜看著他們向州首府邁進。

片末，金博士站在州政府大樓前向民衆演說：「我們何時得自由？近了！很近了！因爲我眼見上帝將臨的榮耀！」那時他還不知道，他的生命將在三年後終結。馬丁路德金早已習慣了收到死亡恐嚇，甚至拿來跟同伴說笑。三年？或許三分鐘後他便會在演說中被殺。召命是要命的。

「你們要悔改！因爲天國近了。」（太 4:17），其實要等多久？「我們何時得自由？近了！」還要等多久？按著馬丁路德金所相信的，他致力尋求公義與自由，哪怕死亡比公義來得更快。

因呼召而迎向死亡，跟迎向天國沒有甚麼分別。馬丁路德金的宣告不只是勉勵同行者，而是宣告盼望。盼望可以是未來於當下的

彰顯，可以是一種存在的姿態。天國近了！自由近了！就在此時此地開始無限逼近「那日子」。

「但那日子，那時辰，沒有人知道，連天上的天使也不知道，子也不知道，惟有父知道。」（太 24:36）

雖然人們竭力追求，卻必須忍耐。忍耐不是靈魂之消磨，因為存在的每一刻都近向「那時刻」。凡人很多事情皆控制不了，但他們在每一刻仍可抉擇，乃至必須抉擇，要怎樣的活 —— 卽使那必然是迎向死亡之存活，卻也是迎向光榮之活。

\ 默想反思 /

1. 你認為馬丁路德金能夠堅持參與黑人平權運動的最大信念及動力是甚麼？他是如何得到這些質素？

2. 馬丁路德金在「轉身星期二」的禱告中，你認為他聽到上帝跟他說甚麼？以至他轉身離去。

3. 民權運動者 Jimmie Lee Jackson 在示威後，被警察開槍殺死，馬丁路德金對他的父親說：「我只告訴你一件事：上帝首先就哭了。」上帝也曾死了一個兒子，因此祂完全明白人間的苦難，亦與受苦的人同在；但不知甚麼原因，上帝的公義要在「那時刻」才完全彰顯；你能夠愛這樣的一位上帝嗎？

《驅魔使者》(사자)

| 2019 年 | 129 分鐘 | 韓國 | 恐佈、動作 |

勇厚的父親是一個正直的警察和忠心的信徒，卻殉職了。勇厚無法接受，從此不再相信神。安神父卻發現勇厚有驅魔的恩賜，於是兩人開始合作對付惡魔。勇厚怎樣當一個不信上帝的驅魔人？

《驅魔使者》
踏上苦路的信心

《驅魔使者》以主角勇厚的三種父子關係去演繹信心。第一種是勇厚與父親的關係。勇厚在小時候便失去了母親，父親是個正直善良的警察，也是個虔誠的天主教徒，後來英勇殉職。為何好人無好報？因為正直善良的人才會這樣迎難而上。但勇厚也因此放棄信仰，因為上帝不應允他的禱告。這是很普遍有關苦難的難題：為何上帝不聽好人的禱告？為何好人無好報？

勇厚曾經向父親問及母親的離世與禱告的關係：那時候你曾經為媽媽禱告嗎？為甚麼上帝要讓媽媽死去？父親回答說：母親也禱告，希望勇厚健康成長，大概是她禱告得比我恆切誠懇，所以上

帝選擇答允她的禱告吧！為上帝辯護的敬虔人總陷入如此思路，上帝不是沒有能力使母親康復，只是自己禱告不夠誠懇，勇厚顯然對這答案絕不滿意。

勇厚的父親並沒有因為上帝沒有答允他為妻子的禱告而失去信仰。但是勇厚從此再沒有祈禱，因為他惱怒神。他長大後，成為了綜合格鬥的拳王，英俊強健，名成利就。但他不快樂，心中帶著兇惡與怨恨，那是魔鬼的試探，引誘他墮落。

勇厚的第二種父子關係，是他與驅魔者安神父的師徒關係。勇厚的右手現出聖痕，即是一個像耶穌被釘十架時的傷口。有一晚，安神父驅魔不敵，被意外闖入的勇厚所救。安神父發現勇厚有驅魔的恩賜，請他幫忙當助手。雖然勇厚聲明不信神，安神父仍然耐心地引導著他，兩人逐漸建立父子一般的情誼。

然而勇厚再次受到考驗，眼看著安神父在敵人手中重傷垂危。難道上帝要戲弄他，讓他才剛剛得到些許補償的父愛，便馬上再次奪走？

安神父曾對勇厚說：你其實不是不信上帝。你是因為最初信得深，後來才惱得狠。一方面，勇厚拒絕在氣若游絲的安神父身旁祈禱，卻走進教堂對著十架上的耶穌像發出有關「好人受苦、義人受罪」的質問。上帝依然沉默，勇厚卻自己回應：「行了！我就去按祢

的意思去行！」

其實這就是禱告了，只不過很生氣。上帝揀選人，往往出人意表。安神父說聖痕通常只出現於十分敬虔的人身上，但怨恨上帝的勇厚卻被選上成為驅魔使者。就像耶穌選擇使徒，偏偏揀選那個逼迫基督徒的法利賽人掃羅，讓他轉變為一個與別不同的保羅。〈雅各書〉第二章寫到「信心沒有行為是死的」，但勇厚則是反過來，先有行為，再建立信心：「我就按祢的意思去行！」他放下了名利雙收的格鬥事業，選擇了和安神父並肩作戰；他口裏說「不信」是賭氣，實質上還是順服於上帝給他的使命。

勇厚和上帝的關係，就是第三種父子關係。安神父這樣解釋充滿考驗的信仰：先相信上帝的愛，再慢慢理解祂的旨意。就像小孩子往往不明白父親的做法，但也先相信父親的慈愛。當安神父傷重之時，勇厚大概會想到父母親的離世：為甚麼好人無好報？但他的父親和安神父都是因為良善正直而迎向死亡、無畏無懼的。

苦難可以是一個令人信心失落的難題，也可以是見證信心的回應——因為信念和愛心而迎向苦難。當勇厚在天主教堂質問耶穌時，導演沒有呈現基督的回應，也沒有寫下「聖像流血」這麼陳套的情節，看來祂一直是沉默的，但勇厚卻仿如有所領會。掛在十字架上的基督，就是「好人被害、義人受罪」的象徵，但這是祂接受的使命。祂呼召使徒時，沒有說「跟隨我吧！國富家強發

大財！」；祂反而說：「在世上你們有苦難。」、「背起自己的十字架來跟從我。」這個本來就是面對苦難的信仰。信念，是對正直與良善的矢志不渝。

但這個也是超越苦難的信仰，因為愛：「在愛裏沒有懼怕」（約壹 4:18），這是勇氣之泉源。當勇厚說：「行了！我就去按祢的意思去行！」之時，背起了他的十字架，同樣是他父親、安神父及基督背上的十字架。

到最後決戰之時，勇厚的格鬥技只能應付婁羅，卻不敵化身為魔人的大反派。只有當勇厚把三重父子關係整合之時，才打敗了魔人：首先是他在潛意識中再次見到亡父，父親提醒他「我一直都在你身邊」；其實他父親離世時已上演過這一幕，可見勇厚長大後信心失落時，其實是忘記了父親一直同在的諾言，也可說他不單失去了對上帝的信心，也失去了對父親的信心。重拾父親同在的信心，給予勇厚右手白色火焰的力量。然後他把安神父的驅魔戒指握在右手裏，意味著驅魔師的傳承。這時勇厚的聖痕再次流血，也代表著上帝的恩典及使命。

\ 默想反思 /

1. 《驅魔使者》裏設定天主教神父爲正義的驅魔者，但男主角卻是一個堅持「我不信上帝」的人，直至結局仍未改變。上帝的恩典和使命也會降臨在「沒有口裏承認，卻心裏相信」的人的身上嗎？

2. 勇厚堅持不信上帝，卻願意「按你的意思去行！」我們有可能回應一位認識卻不願意相信的上帝嗎？我們如何能夠回應一位正被我們惱怒的上帝？

3. 父親與安神父都帶有基督受苦的形象，指向基督的十字架，勇厚最終亦整合了三重的父子關係，背起成爲「驅魔使者」的十字架；但體會基督的十字架與背起自己的十字架之間，是否互爲參照的，還是可以完全割裂？人可以體會明白十字架的意義，而逃避背起自己的十字架嗎？還是不願背起就不是眞正的體會？

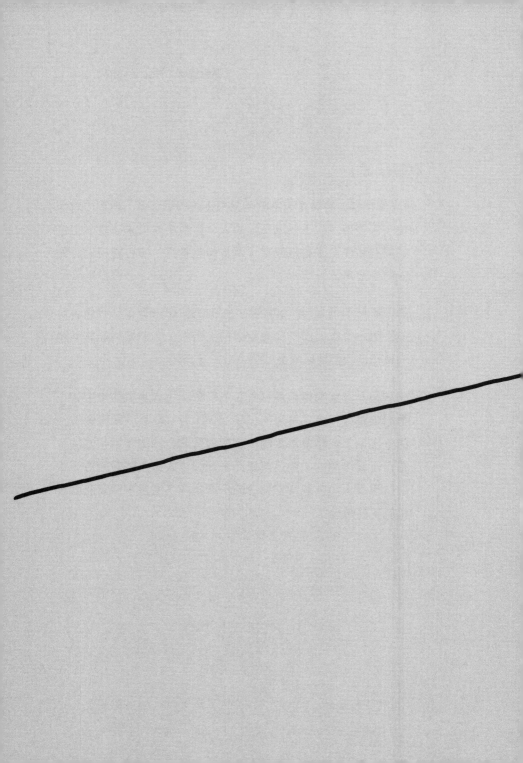

第三部

徘徊

雅俗之間

《上帝存在，她叫佩特魯尼婭》
(Gospod postoi, imeto i' e Petrunija)

2019 年	100 分鐘	北馬其頓	眞人眞事改編

故事改編自眞實事件，講述馬其頓一位單身無業的中年女子佩特魯尼婭，在一次傳統宗教儀式慶典上搶奪只有男性才能參與爭奪的十字架，引發軒然大波。佩特魯尼婭雖有歷史學位卻毫無工作經驗，面試再度失利還被男主管狠狠羞辱。在這樣的背景下，她的舉動引起了男性群起憤慨、神父大喊褻瀆、警察和媒體紛紛介入，一切隨著網路影片瘋傳而愈演愈烈，她也因此面臨著巨大的壓力。

《上帝存在，她叫佩特魯尼婭》
配受祝福的弱勢者

很多看來荒誕的電影都改編自眞人眞事，像《上帝存在，她叫佩特魯尼婭》（God Exists, Her Name is Petrunija）的故事，源自2014 年發生在馬其頓的一宗地方新聞：按東正教習俗，當地在每年主顯節都會舉行一個「游聖水、得十架」的活動，只讓男性參加。神父在祝禱後把木製十字架丟在河或海水裏，男性信眾便會下水爭奪，勝出者便蒙教會祝福，並得到獎品。但這一次，有一個女子自行走進河中，更先找到了水裏的十字架，引起男性參加

者一陣騷動。導演 T.S. Mitevska 藉著電影改編，關注當地女性在社會各方面所面對的敵意和偏見。

主角 Petrunija 大學畢業多年，長年失業在家。母親時常奚落她年紀大、肥胖、沒吸引力、不事生產。Petrunija 去求職面試，被性騷擾之餘更被羞辱一番。她路過主顯節活動所在的河邊，一時心血來潮下水搶奪十架，在混亂中帶著戰利品回家，直至警察來帶她到警局。她不認為自己做錯；為甚麼女性不能參加這個活動？為甚麼女性不能這樣接受上帝的祝福？

編導的敘事策略是，藉著一次偶發事件，牽引出社會各界的陰暗面。首先，面試一段批評職場上男尊女卑，男性管理者憑權力佔女性便宜。宗教傳統重男輕女，排除女性參與的祝福儀式長年被視為理所當然。神父只說是教規所定，卻沒有講清楚按《聖經》及基督信仰對此有何根據 —— 其實這只是一個地方習俗。宗教和警察領導者「拍膊頭」解決麻煩，動用國家機器把 Petrunija 困在警局，卻一直不承認拘捕她，因為他們根本沒有法理基礎。男性信眾試圖把這事件描述為盜竊，但十字架本來就是在水中讓人拿走的，問題就只在於 Petrunija 是一個女性。他們辱罵她為婊子，向她潑水及吐口水。 就因為她是女性。

本來採訪節日活動的電視台女記者對 Petrunija 這件事抱不平，決意追訪。有外國評論者說她是個追求「爆料」新聞的機會主

者，但這記者為了這宗新聞，不惜押上自己的工作，也不怕得罪了同事、上司和家人。她更像一個過份熱血的評論員，在報道時毫不克制地表示個人立場，對男尊女卑的社會現狀顯得憤世嫉俗。然而 Petrunija 並不打算和她合作，在戲裏也沒有多少互動。女記者的戲份更多是在警局外採訪不同的人，像註腳一般映襯著女主角的主線情節。看角色設計，女記者和 Petrunija 的立場是最相近的，而兩者的差異則可以就同一主題提供更立體的視角，但兩者的交流太少了。編劇對女記者本人的描寫也頗片面，她的戲份主要是其採訪過程，有時彷彿是編導透過她和受訪者把自己想說的話說出來，有時令人感到生硬。在 Petrunija 之外加上女記者這個人物，便令人感到只是拼湊，卻沒有產生豐富的化學作用。若果編劇讓她對 Petrunija 作出深度訪問，或會讓觀眾更了解後者下水搶奪十字架的原因。

《馬太福音》第十章裏，耶穌以「羊入狼群」比喻門徒在傳福音時將面對的危險。 在《上》片裏則提及一個類似的民間故事，講一隻羊披著狼皮混進狼群中，結果還是被吃掉了。其他男人說 Petrunija 是那隻羊，但她卻說自己是狼。這關係到她搶奪十字架的動機；她說對此行徑沒有深思熟慮，只是出於一種動物性的衝動。導演在警局會議室的一堵牆上貼上森林的牆紙，從桌子另一面拍過去女主角那邊，讓後者彷彿身處在叢林中，強調「動物性」的比喻。但在警局會議室會有這種風格的牆紙格格不入，意象處理略嫌刻意。

綜觀全片，那些粗暴的男性信眾看來更像狼群。狼和羊的故事在戲中被提及過幾次，限於點題的程度，其實可以更進一步發展。我認為 Petrunija 爭奪十字架那種執著和不認輸的態度，就像〈創世記〉裏雅各與天使角力，只為爭取上帝的祝福。Petrunija 缺乏關愛及認同：在家裏，母親長期奚落她；在宗教裏，身為女性更被排拒於祝福之外。她不要當被動的羊，要做主動的狼，而她想捕獵的，只是愛與認同而已。

像這類黑色荒誕的題材，最好的作品是描寫出一件又一件荒謬的事情被連環引發出來，但當中的邏輯環環相扣，出人意表之時亦合乎情理。可惜《上》片的編劇在警官、神父和檢察官等權威人物的心思和行動的各個轉折之處並無作出清晰交代；他們因何要指控 Petrunija、因何改變主意、為何又以其他原因來控告她、又改變主意……等情節往往只是發生，卻缺乏充分的鋪墊及解釋。電影欲對社會文化提出宏觀的問題，但「圓滿」的結局只是歸於女主角的個人幸福，並依賴男性的認同，略感草草了事。

\ 默想反思 /

1. Petrunija 在種種壓迫下，心血來潮下水搶奪十架，打破了禁忌，顛覆了文化；然而，禁忌在社會中是如何形成的？禁忌有甚麼功能？禁忌與道德界線有分別嗎？打破禁忌的契機是如何產生的？

2. 片裏提及一個民間故事，講一隻羊披著狼皮混進狼群中，結果還是被吃掉了，片中其他男人說 Petrunija 是那隻羊，但她卻說自己是狼，這意象關係到她搶奪十字架的動機，是出於一種動物本能的衝動；若大家都是狼，這意象還包含她呼喊要男女平等嗎？現在社會還有甚麼的呼喊？

3. 在男女不平等的文化中，女性被禁止參加某些宗教的禮儀或活動；今天仍有人被排擠在教會外嗎？是甚麼人？教會爲何排擠他們？

《蝙蝠俠 —— 黑夜之神》 (The Dark Knight)

2008 年	152 分鐘	美國	超級英雄

《蝙蝠俠 —— 黑夜之神》是 Christopher Nolan 執導的《黑暗騎士三部曲》的第二部，在 2008 年上映。葛咸城深陷混亂和犯罪的困擾，蝙蝠俠努力保護城市免受小丑無政府主義恐怖統治時，面臨著道德困境，必須做出不可能的選擇來恢復秩序。蝙蝠俠聯同警長高登和新上任檢察官丹特想打擊小丑的肆意妄爲，同時募款協助丹特成爲「白色騎士」，寄望他能保護葛咸城。可是丹特在對付小丑的過程中，被小丑設局痛失摯愛並身受重傷，變成了報復心切的雙面人。最後丹特墮樓身亡，但蝙蝠俠沒有揭發丹特的惡行，讓後者成爲人們心中的英雄，自己則背負罪名退隱江湖。

《蝙蝠俠 —— 黑夜之神》
破碎的基督形象

你有沒有想過，自己也能成爲鋤強扶弱的超級英雄？你說，自己凡人一個，何德何能成爲英雄？蝙蝠俠不也是凡人一個嗎？

你或會反駁，蝙蝠俠是例外。他是最不像超級英雄的超級英雄。他沒有超能力，不像超人能飛上太空，不像蜘蛛俠能爬牆，他只

是靠龐大資金研發高科技，始終靠著肉身的能力和智慧。與其說他是超級英雄，不如說他是一個化了妝，不能以真面目示人的特警，和警隊合作去捉賊。

《蝙蝠俠 —— 黑夜之神》（The Dark Knight）是一個凡人的故事，任蝙蝠俠多富有，武藝多強，仍然會老會死，被狗咬會受傷，留不住愛人的心，愛人的命也留不住，面對著人生，英雄如斯仍然處處束手無策。

他累了，寄望總檢察官丹特成為「白色騎士」，光明正大地接他的一棒，好讓他脫下「暗黑騎士」那沉重的面具，也不用隱藏在黑暗中。他看到丹特和自己一樣站在正義的一方，但自己必須留在黑暗中；小丑出現了，告訴他丹特不是蝙蝠俠的同伴，自己才是，同樣都是別人眼中的「騎呢友」。小丑像魔鬼向世人招手：來吧。一起進入黑暗吧。

蝙蝠俠是一個光明與黑暗面並存的人。表面上富商布魯斯的身份是光明的，蝙蝠俠的身份是黑暗的。其實剛好相反，布魯斯是囂張的花花公子，是陰暗的；蝙蝠俠在黑暗裏守護著葛咸城，戰甲裏面的心散發著正義之光。

小丑又走出來。他不是為了錢，他只是想天下大亂，想人互相殘殺，想人性墮落。蝙蝠俠堅拒妥協，他就轉向「白色騎士」丹特

下手，殺死他的愛人，奪去他的希望，讓他成爲光明與黑暗面並存的「雙面人」，然後，叫他全然墮進黑暗之中。

最後，丹特的肉體隨著靈魂一起墮下，像人犯了罪，換來死亡。蝙蝠俠也墮下去，卻站了起來，透過那黑色的面具，看著這曾經是心目中的「白色騎士」，他心裏怎樣想？

這時小丑已被捕了，在電影裏不再出場。但我彷彿聽見小丑，不，是宿命，嘲笑的聲音。甚麼正義？甚麼希望？「白色騎士」墮落了。一直想脫下面具，過平凡人生活的蝙蝠俠，決定讓丹特「白色騎士」的一面繼續示人，把其所犯的罪都往自己身上損，像背

起十字架。宿命不放過他，他就加倍擁抱這宿命。

「把罪都歸我。讓他們放狗追我。」蝙蝠俠騎著戰車，隱沒在黑暗裏，昂然接受自己那「暗黑騎士」的宿命 —— 不，是使命。

無罪的人負起他人的罪孽，那不就是基督精神嗎？那不希奇，耶穌基督才是真正的 Dark Knight，真正的黑夜之神。

不行。你說。怎能把耶穌「降格」為「暗黑騎士」，他可是真光啊！

耶穌是真光，但不要忘記他是走進黑暗裏的真光。越黑暗的地方，越需要真光。人帶有神的善性，也帶著罪惡的本性，而魔鬼，有時會笑騎騎的，叫人全然墮進黑暗的那一邊，但結果卻是死亡。

耶穌看在眼裏，不知心裏怎樣想？祂曾經對人充滿期望，但人卻總教祂失望。祂和蝙蝠俠一樣，帶著無罪之身負上他人的罪，主動走進黑暗裏。蝙蝠俠的身份是布魯斯的苦杯。這苦杯，是宿命？還是使命？

但蝙蝠俠給人的希望是假的。

丹特死了，至死不悔改。為了給世人希望，蝙蝠俠承擔罪狀，決

定瞞騙所有人，讓丹特以英雄的形象傳世。那是虛假的希望，他走進黑暗中發光，那兒卻沒有出路。

電影就此完結，留下一個悲劇英雄的困局。但在我們的世界，卻有真正的盼望，因為耶穌不單走進黑暗中，被釘死，降在陰間，更加復活了！他不需要蝙蝠俠那 marketing 的手法去騙人，因為祂是真正的黑夜之神（真神當然不分晝夜），祂復活了，那才是希望所在。

耶穌讓跟從祂的門徒也成為了超級英雄。門徒獲得了超能力——治病、趕鬼，更重要的，是復活。即使基督徒說自己未治過病，未趕過鬼，但基督徒會肯定自己能復活。

只要你相信，你也可以成為「超級英雄」。但祂要成為超級英雄，先要喝那苦杯，承擔使命。

這杯，你也願意喝嗎？

\ 默想反思 /

1. 耶穌與蝙蝠俠都是「帶著無罪之身負上他人的罪，主動走進黑暗裏」；若說蝙蝠俠是帶有救贖者的形象，這形象如何滿足人的需要？又有哪些不足？

2. 真正的救贖行動來自愛，無論是宿命或使命，蝙蝠俠都甘於在黑暗中守護葛咸城，這是出於愛嗎？他愛的是甚麼？葛咸城的人？社會的秩序？消滅壞人時的快感？驅動人默默犧牲的，到底可以是甚麼？

3. 若耶穌是真光，為甚麼這麼多人看不見？是光太微弱？還是黑暗無盡？

《蝙蝠俠 —— 夜神起義》
(The Dark Knight Rises)

| 2012 年 | 165 分鐘 | 美國 | 超級英雄 |

在上一集《黑暗騎士》事件後八年，本來蝙蝠俠為了掩飾丹特的真面目而背負罪名，使葛咸城在《丹特法案》的保護下維持了和平。但來歷不明的 Bane 的使葛咸城再次陷入危機中。蝙蝠俠被迫復出，與眾人合作阻止 Bane 及黨羽的陰謀。蝙蝠俠最後得以洗清罪名，再次成為葛咸城的英雄。

《蝙蝠俠 —— 夜神起義》
資本主義的假基督

《蝙蝠俠 —— 夜神起義》（The Dark Knight Rises）是三部曲的結局（Christian Bale 再也不會演蝙蝠俠了），卻要顛覆《黑夜之神》——上一集的重心是人的兩面性，讓觀眾看到蝙蝠俠的兩種身份和心靈掙扎，並以丹特和小丑兩個歹角為對照；這一集卻減少內在心理刻劃，以致《夜神起義》缺少了《黑夜之神》的深度，戲中雖有談及蝙蝠俠力量的來源，談及他對死亡的態度，恐懼還是忿怒等等，卻點到即止，沒有深挖；有關社會制度和革命的描寫，也失諸膚淺偏頗，浪費了好題材。

靈程光影
穿越電影世界的心靈行旅

原名 The Dark Knight Rises 裏的 rise 語帶相關，可解作「起義」或「革命」，也可解作「復活」。但「起義」的並不是蝙蝠俠。2008 年，《黑夜之神》上映的那一年，美國次貸危機爆破，引起全球金融海嘯。很多人開始問：資本主義制度能持續嗎？各國都很努力讓這制度延續下去。但很多人認爲資本主義制度本身是一個不公義的制度，需要徹底的改變，就開展了「佔領華爾街」運動。

《夜神起義》裏，壞蛋 Bane 一伙人也要「佔領」一番，一度掌控了整個葛咸城，把警察都趕到地下水渠裏，示範了真正的「佔領運動」應是怎樣進行的：不是像「佔領華爾街」的示威者一樣，只是在銀行和保險公司外集會露營，而是要拿槍走進股票交易所打劫！Bane 知道蝙蝠俠的「本尊」是資本家 Bruce Wayne，就用交易所的電腦把蝙蝠俠的財產「乾坤大挪移」，把他搞得破產。Bane 控制了城市後，乾脆釋放囚犯，煽動仇富情緒，叫低下層把富人從他們的大樓裏趕走，佔領他們的物業，重造一個新社會。

這樣導演就把各地的「佔領運動」抹黑爲像 Bane 一樣瘋狂、暴力的恐怖份子。現實裏那些攻擊資本主義制度和資本家的言辭和行動，就像戲裏那些暴民所做的一樣橫蠻而可笑。

而蝙蝠俠的力量之謎也揭曉了，不是甚麼「恐懼死亡」之類的，而是因爲他是有錢人，一身的裝備和武器都來自做生意賺回來的

錢。最後他駕著戰機帶著將爆的核彈遠離葛咸城，就說明了壯烈犧牲也是有錢人的專利 —— 窮人哪有錢造一架戰機出來？所以，即使金融海嘯讓人看見資本主義之惡，但資本家仍然是救主，若 Bruce Wayne 沒有錢，根本就不會有蝙蝠俠。

不過，戲裏的「起義」跟現實世界裏的「佔領運動」差距甚大，現實的社會運動參與者並不等同戲中的民眾。地理學者 David Harvey 在《資本之謎：人人需要知道的資本主義的真相》中提到，歷史上資本主義不斷遭遇危機，卻不斷推延和轉移危機。也許某國的富商會因為一次經濟震盪，身家大減，但卻為其他國家的資本家製造累積財富的機會。或者某國經濟已無甚麼可再發展下去的機會，為了營利，就到未發展的國家投資。方法有很多，最終都是要使資本主義制度長存，而每一次危機之中，都是低下層承受的影響最深。

在《夜神起義》裏，有甚麼低下階層的角色呢？電影中沒有真正的民眾運動的聲音。Bane 要呼召的並不是低下階層，而是罪犯，所以他選擇在監獄門前發表偉論，然後就發炮打破監牢，好讓囚犯加入其軍隊。若他真的為低下層著想而發起社會運動，就不會引爆核彈 —— 那才是 Bane 一方真正的計劃，承繼「忍者大師」（第一集的大奸角，蝙蝠俠和 Bane 的師父）的遺志，毀滅罪惡之都葛咸城，重新再來。即是說，Bane 其實是假裝社會運動者的恐怖份子。而真正的低下層，例如戲中的孤兒則是真正的受害者。

《夜神起義》其實是「夜神復活」，卻貶低「起義」的人。蝙蝠俠幾乎輸掉一切，卻捲土重來，同時爲葛咸城和資本主義化解危機。因爲他是會捐助孤兒院的「好資本家」；當他挽救了葛咸城，也讓原本的經濟制度得以保存。資本主義本身沒問題，只是某些資本家有問題；卽使資本主義有問題，也是可修正的 —— 而其他制度絕不可行，只會讓所有人都糟糕。

蝙蝠俠是富商 Bruce Wayne 的影子，其實超級英雄也是資本主義的影子。卽使一些荷里活電影觸及現有制度的問題，卻只是吸納了觀衆的不滿情緒，對制度本身並無影響。蝙蝠俠是一個「僞基督」 —— 他像基督一樣「重生」，又自我犧牲。人們以爲他眞的死了，就爲其設立偶像。同時，蝙蝠俠也遺下了其 legacy，就像耶穌升天時留下門徒在地上作見證一樣，有接班人繼承其「人人都可以是蝙蝠俠」的大志。但葛咸城的罪惡，資本主義的罪惡，必然會延續下去，人們在裏面只能盼望發達，而不是基督再臨的新天新地。

\ 默想反思 /

1. Bruce Wayne 是會捐助孤兒院的「好資本家」；若說「虔誠就是看顧在患難中的孤兒寡婦」（雅 1：27），「虔誠」可否是不影響制度的慈惠工作？在基督教信仰中，這樣的慈惠工作有甚麼意義？

2. 蝙蝠俠駕駛戰機送走將爆的核彈，拯救葛咸城，以一命救整城的命，是效益主義（Utilitarianism）的極致實踐，還是出於對葛咸城生命的熱愛？

3. 犧牲需要付代價，但這是富人的專利嗎？一無所有的人的犧牲，是怎樣的？貧窮、破碎的生命，能幫助別人嗎？

靈程光影
穿越電影世界的心靈行旅

《機密真相》（Flight）

| 2012 年 | 139 分鐘 | 美國 | 劇情 |

在一次民航飛行意外中，機長 Whip 成功以高難度動作拯救了機上大部分人，被視為英雄。然而事後調查卻揭發了他有酗酒和吸毒的習慣，涉嫌違法。Whip 大可把責任推卸給別人，卻感到掙扎。

《機密真相》
神啊救救我！讓我去坐牢！

《機密真相》（Flight）是一個強者如何被自己擊敗的故事，也是關於上帝尋找人的宗教電影。主角 Whip 既是英雄也是罪人：他是飛機師，也是酗酒、吸毒的癮君子，但他充滿自信，堅持是自己選擇使用酒精和藥物，而不是被它們控制。電影開場不久就出現了第一個高潮：Whip 駕駛的飛機失控急墜，衆人慌張之際，他仍冷靜果斷地反轉再反轉緊急降落，挽救了機上大部分人的性命。

但這高潮才是故事的開始，他被各界視為英雄，卻被驗出體內有超標的酒精和毒品。這首先就拋出了一個倫理難題：他是罪人還是英雄？按倫理學「義務論」的進路，他這樣吸毒、喝酒，違反

了專業倫理，罔顧他人安全，已經是犯了錯；循「效益主義」的進路，雖然有數人在意外中喪生，但他確實在過程中沒有受到酒精和毒品的影響，甚至發揮超人表現，挽救了大家。而且在後來的模擬測試中，遇到相同情況的飛機師都無力回天，全機搭客罹難，那麼 Whip 喝酒和吸毒只是個人行爲，沒有影響其他人的福祉。他是能一方面控制著酒精和毒品，另一方面冷靜、果斷而有創意的「超人」。

有趣的是，電影在上半段先肯定了主角的強大，直取高峰，再逐步描寫他的脆弱，就像他駕駛那航班，先急速爬升，穿過雷雨，跨在雲層之上，幾有直取太陽的氣勢；隨即像希臘神話裏的 Icarus 那樣，因爲飛得太接近太陽，蠟造的翅膀溶化，急速墮落。本以爲這是有關倫理矛盾（因爲看結果 Whip 的確是英雄，其超凡能力彷彿凌駕於專業守則的限制），並以司法調查和審訊爲主體的戲劇。怎料這都是虛招：每次律師出現都只是報告「還有甚麼甚麼的難題，都被我解決了」，而略去調查取證的過程。以致最後聆訊時，所有對 Whip 不利的證據都不存在了，只要他按著律師「專業」的方法回應對方的盤問就能雨過天青。

到這一步，觀衆看過那麼多虛招，也許已感到不耐煩。但戲肉在這時才出現：眞正的「爬升 —— 急墜」安排在 Whip 和他的律師穩操勝券的時候，他只要再說一些謊話就能全身而退，而他本身就是一個常常撒謊的人，根本是零難度。

然而正因是他說謊話太多了，終於到了極限。其實他不是一個強者。查案和聆訊根本不是故事的主線，只是釣魚的線。主線是 Whip 遇上了 Nicole，一個在毒海浮沉的女子，她不認爲 Whip 那麼強。她想 Whip 跟她一起接受復康治療，不要再自欺欺人。Whip 既愛她又抗拒，因爲他不想面對「自己根本是脆弱的」這個事實，喝酒喝得更兇，呈現在觀衆面前的醜態說明他其實不能控制自己。

信仰的痕跡一直在這過程中掠過，例如機上一名倖存的空姐是浸信會會友；意外後終身殘障的副機師也是虔誠信徒，厲言疾色地指責 Whip 之後，卻邀請他一起禱告；加上飛機降落時撞壞了一所五旬節教堂的十字架尖頂 —— 這些美國南方「聖經帶」的指涉引起了一些觀衆的笑聲，似乎讓基督教成了笑柄。這些推疊起來不免擁腫的枝節，原來都是鋪展到最後，顯示出在人世間感悟到信仰的靈光，大概難以避免繁瑣冗長的過程。

失事飛機上找到兩個酒瓶，Whip 本可以推卸在一個空姐身上 —— 她是他的情人，之前也喝過酒，卻在意外中死去，只不過又一個謊話，但 Whip 終於承受不了：「神啊，救救我。」爲了甚麼？爲了認罪！這段戲，特寫鏡頭讓演員丹素·華盛頓（Denzel Washington）那深層的掙扎破殼而出的過程呈現出來。他以爲當日憑己力脫險，之後靠人力脫罪，最後卻只能靠上帝才能認罪。他終於承認了酗酒、吸毒、作假證供，他知道那代表著牢獄，但

在獄中他的靈魂才真正翱翔。

放映至最後，我終於明白找影帝丹素‧華盛頓當主角是一個明智的決定。雖然整體上有點拖沓，情節豐富但不算高潮疊起，但最精彩的轉折原來押到最後，主角那長期自欺欺人的泡沫終於爆破，就需要經驗豐富的好演員去演繹出那細膩的層次來。

\ 默想反思 /

1. 有些人會說謊到底，謊言一個接一個，決不認罪，但主角 Whip 最終承受不了自己的罪過，選擇承認並得著心靈釋放；兩種人的差異到底在哪裏？

2. 向上帝認罪重要嗎？基督教相信犯罪者需要認罪，基督的死才能在這犯罪者身上產生救贖的作用，但若不相信基督，認罪能帶來自我救贖、心靈釋放的效果嗎？

3. Whip 不想面對「自己根本是脆弱的」這事實，你能夠直視自己生命中的黑暗面嗎？它是甚麼？你願意擁抱那脆弱、受傷的自己嗎？你願意讓神擁抱及醫治他嗎？

《另類神父》（BOŻE CIAŁO）

2019 年	115 分鐘	波蘭	劇情

丹尼在青年管教所歸信天主教，想成為一名神父，卻因其犯罪記錄而被拒絕。他乘著假釋出外的機會，在一個小鎮冒認新上任的神父。他很快獲得了社區的信任，被視為真正的牧者。問題是，這樣的牧養是真實的嗎？

《另類神父》
再思牧者是誰

誰有資格事奉上帝？是誰說了算？波蘭電影《另類神父》（BOŻE CIAŁO）的主角丹尼是少年犯，歸信基督後希望成為神父，牧養他的湯瑪斯神父卻潑冷水，直言沒有神學院會接受他這種犯罪背景的人。世人皆罪人，十分平等，但天國是否仍有階級制？《另類神父》一方面讓我們看到宗教和信仰之間的微妙張力，另一方面又揭示了宗教仍是現實世界的一部分。丹尼沒有按假釋的規定去鋸木廠工作，竄到附近一個小鎮，胡謅自己是神父，卻誤打誤撞當上小鎮神父的臨時替工。

這個荒誕情景引申出有關真偽的問題：是否只有真的神父（教

廷認可的）才能眞的牧養信衆？反過來說，眞神父必然是眞牧者嗎？丹尼有機會當替工，是因爲小鎭唯一的神父酗酒，須去療養院戒酒。丹尼硬著頭皮，又是實現夢想，穿上聖袍主持彌撒，但沒受過神學訓煉，怎麼講道？「沉默也可以是禱告，我們來這裏不要機械性地禱告……禱告是和上帝聊天。」他複述了湯瑪斯神父在管教所講過的話，又加上自己的感想：「祢這麼純潔，我這罪人又怎麼代表祢？還是去禱告……」

事實上，卽使丹尼落力去做好神父的角色，又承認教廷給神職人員的規矩有其意義，應該遵守，他仍做了不少對教徒而言是犯罪的行爲：吸毒、淫亂、打人 —— 更何況冒認神職人員本身就是欺騙。其實他本身就是一個需要牧養的人，卻被當地的天主教會體系拒絕。丹尼有慕道之心，想進神學院，卻連報名的資格也沒有；到了小鎭，本來的神父也自身難保，無能照顧丹尼的信仰生命。

不過錯有錯著，一片熱心的丹尼，憑著從心而發的活潑講道和親民作風，吸引了更多小鎭居民上教堂。選擇神僕的，其實不是教會，而是上帝自己。小鎭在一年前發生過一宗交通意外，七位居民去世，他們的親人仍未走出傷痛。丹尼其實是一個充滿同理心的人，配合他在管教所學習的情緒管理技巧，他幫助一群年輕死者的家屬把壓抑的悲傷和憤怒釋放出來。他不說「一切都在神的計劃中」一類陳腔濫調，而是在禱告中陳明各人心中的不滿：爲何祢讓這苦難發生？我們感到不公殘酷，而非祢的美意。但丹尼

也祈求上帝的憐憫，讓大家明瞭祂的心意。他做了一個牧者應做的工，不是重申「教義正確」的現成解答，而是醫治人的心靈。作為一個少年犯，丹尼也是傷痕纍纍，卻把自己的幽暗轉化為別人的祝福。

然而同理心不代表放棄是非判斷；丹尼也發現了年輕死者家屬的陰暗面，就是他們把子女的死怪罪在其中一名死者科比斯基頭上，因為他的車與年輕人的相撞。他的遺孀也成了替罪羊，被鄰居排擠與欺凌：「你怎麼能讓你醉酒的丈夫駕車？」更甚者，原本的老神父也不讓死者下葬在小鎮公墓之中，其遺孀也不上教堂。神愛罪人，教會卻把罪人拒諸門外，這還算是甚麼教會？經過調查，丹尼知道事有蹺蹊，不惜押上小鎮信眾對他的愛戴，要為科比斯基舉行安息彌撒，並把其骨灰下葬於公墓之中，讓遺孀回歸教會。為此他得罪了地方勢力，遭受縱火等威嚇，仍堅持為人們尋求公道與復和。「使人和睦的人有福了，因為他們必稱為上帝的兒子。」（太 5:9）本來的老神父和丹尼比較，誰才是真正的牧者？誰才是和平之子？丹尼自知有罪，而他藉此與信眾分享寬恕的重要性：「寬恕不是忘記，而是愛，即使他們有罪。」

那麼丹尼就是看似罪人的聖人了嗎？他成了牧者的典範？也不是，他只是一個蒙恩的罪人，只是他比其他人更易覺察到自己的罪。他並不比老神父更高尚，都是為主作工的牧者。但這也不代表丹尼不能是牧者；他的軟弱，正如老神父的軟弱，說明了其實

牧者也是需要被牧養的罪人。

不單罪人需要救恩，其實做好人都需要恩典，需要一些外在於個人意志的「道德運氣」。但世事往往是：塞翁失馬，福禍難分。丹尼在管教所歸向基督，是好運；當地的宗教制度抹煞了他當神父的志願，是不幸；他有機會偽裝神父，真的牧養了小鎮居民，是奇異恩典；他的謊話被揭穿，重回管教所，是悲慘的際遇，又是他假冒神父的後果。仇家在這裏咬著他不放，逼他來一場血腥的決鬥。丹尼重新陷入罪中，臉上失去了當「神父」時的喜悅，換來受傷野獸一般的驚恐。當他在小鎮中，人們信任他的時候，他便有機會成為一個更好的人；當他回到少年管教所，僅被視為罪犯之時，彷彿便只有作惡之路可行。

這齣戲把宗教的盼望和現實的殘酷交融並置，大量冷靜穩定的鏡頭泛著偏綠的冷色調，沒有溫情洋溢，卻偶爾滲進窗外的日光，照在人的臉上，猶如上帝的手撫慰。電影原名直譯《基督聖體》即聖餐，當中被擘開的餅是基督的身體，共同領受的教會信眾也是基督的身體；宗教始終是一個群體性的信仰。或許「信者得救」也指向外部條件，不只是個人內心的意向：你自己相信可得救，也需要他人相信你得救。即使蒙恩，個人的信心仍是脆弱的，當丹尼身邊的人不再是信徒而是惡棍，當教會率先因他罪犯的身份而封殺其當牧者的追求，他便會抓不穩手中的救命繩索而重墮深淵。相信基督的救恩，不只是信祂會救你，也是信祂會救其他人。

靈程光影
穿越電影世界的心靈行旅

\ 默想反思 /

1. 丹尼憑一顆熱心、活潑的生命、對自身罪的省察,帶來小鎮
    教會的新氣象;然而,對比那酗酒的神父,他已經失去服侍
    的溫度,牧者如何能重拾初心的熱情?或在一些服務人的工
    作裏,當人成了服務的個案(case),失去了人與人之間的
    感通,如何可以更新工作的使命感?

2. 丹尼在小鎮中,信徒信任他的時候,他便有機會成為一個更
    好的人;當他回到少年管教所,僅被視為罪犯之時,彷彿便
    只有作惡之路可行;然而,人行善行惡,人能夠完全自決嗎?
    你認為環境對人有多大影響?

3. 你認為牧養你的人要具有甚麼資格及質素,才是適合牧養你
    的?為甚麼?

《牧師的最後誘惑》(First Reformed)

| 2017 年 | 113 分鐘 | 美國 | 驚悚、劇情 |

牧師 Toller 孤獨地守在一個日漸衰落的教堂，並難以感到上帝的同在。他嘗試盡責幫助需要牧養的人，另一方面卻對日漸變質的教會感到氣餒。創傷、挫敗與絕望日積月累，終於到了爆發點。有誰可以幫助他？

《牧師的最後誘惑》
身陷幽谷的牧者

《牧師的最後誘惑》一開始，牧師 Toller 便已經在靈魂的黑夜當中。他試圖用寫靈修日記的操練方法幫助自己渡過這艱難的時期。因為職責，他仍然要主持聖禮，但他已沒法祈禱。當信徒要求他一起禱告時，他可以憑藉「職業技能」去完成，但心底裏已無法和上帝結連。

苦難是令人陷入屬靈黑夜的原因之一。Toller 秉承家族傳統送兒子上戰場，自己也是軍隊的牧師，結果兒子戰死，妻子離去。Toller 離開軍隊，在一家叫「豐盛生命」的 Mega Church 的牧師安排下，在一個歷史悠久的小教堂「第一歸正會」中工作。

靈程光影

穿越電影世界的心靈行旅

一對夫婦的出現攪動了 Toller 的心靈。懷孕不久的 Mary 向
Toller 求助,她的丈夫 Michael 因為爭取環保的行動遭遇挫敗而
陷入絕望之中。 Toller 和 Michael 的一次對談,其實是一個委身
基督的人和一個委身環保的信徒之交流, Michael 認為人類對環
境造成的影響已邁向一個不能逆轉的終局,人們卻不願改變。作
為牧師, Toller 當然要表達出盼望的信息,並希望 Michael 珍惜
自己和胎兒的生命。

後來 Michael 自殺了。但這才是一個開始。

為 Michael 處理喪事和遺物的 Toller 也漸漸陷入絕望之中。他看
到那些有關全球暖化和污染的資訊、政界和商界與教會的勾結;
他自己有病但遲遲不去檢查,酒喝得越來越兇。

寫日記似乎也無法幫助 Toller 聽到上帝的聲音。但世界的不公義
卻歷歷在目。

上帝在哪裏呢?

Toller 的工作之一是為「第一歸正會」250 周年堂慶作準備,但
他漸漸發現這只是從屬於「豐盛生命」教會與政客和商家的慶典。
Michael 的遺物中包括了一件自殺式炸彈背心,是被 Mary 發現
而讓 Toller 取走的。

Michael 雖死，Toller 卻漸漸活在他的影子中，因為公義不彰、環保無望，絕望與憤怒結合起來，成為一股黑色的火。Toller 決定自已穿上那件背心，計劃在堂慶「潔淨聖殿」，自殺式炸彈襲擊和盼望有甚麼關連呢？絕望是甚麼？就是肯定事情只會壞不會好。絕望和自殺及殺人有甚麼關係？自殺就是認為自己的境況一定不會有轉機，殺人就是肯定這些人心裏剛硬、「無得救」。

信望愛中最重要的就是愛，而 Toller 的屬靈困境之核心就是失去愛。他首先是失去妻兒的愛，陷入孤獨之中。然後他也拒絕別人的愛，甚至辱罵一個追求他的女信徒。這些當然都是源於他無法感受到上帝的愛。一個人感受不到神的愛，不必然是因為他埋怨神，而純粹就是感覺不到。

雖然戲裏沒有提及，但我們可以想像 Toller 這個牧師必然知道信徒面對考驗須有耐性。只是耐性不是一種知識。 Michael 就像一個先知，宣告末日近了，是人類親手破壞這本來美好的天父世界。耐性和末世形成了一個悖論：應當等候，還是等不及了？

創作者保羅．舒里達沒有那麼狠心，讓這世界黑暗到底。Mary 成了 Toller 的救命草，因為她出現在堂慶聚會中，使 Toller 不得不脫下那件炸彈背心，也使他從自殺邊緣被拯救過來。她同樣是環保份子、經歷苦難，但仍然保持著信、望與愛。

導演沒有解釋為甚麼 Mary 是這樣的人，只是呈現她就是這樣的人，就像 Toller 在屬靈幽谷中看見的一粒螢火蟲。她讓 Toller 模仿以前 Micheal 與他一起的親密時刻，讓在黑夜已久的 Toller 看到異象 —— 那不就是上帝與人的結連嗎？

愛就是珍惜另一個生命，因此你選擇去相信：世界不一定腐壞到底。

這種選擇就是盼望。

\ 默想反思 /

1. 當牧師 Toller 無法與上帝結連，進入了靈魂的黑夜當中，又要繼續維持牧職上的功能，是怎樣的感受？若你的牧者也發生同樣的情況，你會察覺嗎？

2. Michael 死後，牧師 Toller 漸漸活在他的影子中，決定自己穿上那件自殺式炸彈背心，計劃在堂慶「潔淨聖殿」，作自殺式襲擊；你認為是甚麼推動他做這事情？絕望？仇恨？憤怒？還是要承繼 Michael 的遺志？他的精神狀態是否已出現了問題？

3. 信望愛中最重要的就是愛，若基督徒感受不到上帝的愛，你認為如何可以重新再感受得到？

靈程光影
穿越電影世界的心靈行旅

《虛無》（Nope）

| 2022 年 | 130 分鐘 | 美國 | 科幻、恐怖 |

馴馬師兄妹在他們家的牧場上空，發現了一個 UFO，竭力留下影像證據，以此圖利。但這 UFO 並不是一艘外星飛船那麼簡單，它威脅著兩兄妹和他們的夥伴的生命。

《虛無》
神顯・奇觀・消費

《虛無》（Nope）表面上是一個有關 UFO 的科幻片，但坊間已提出各種有關宗教和種族等多方面的解讀，成了一場影迷對電影「寓意」進行解讀的嘉年華。

電影一開始便引用了《聖經・那鴻書》3 章 6 節的經文點題：「我必將可憎污穢之物拋在你身上，使你被藐視，為眾人所觀看。」顯然宗教和奇觀（Spectacle）是此片的兩大參照點。有信徒不滿電影對經文斷章取義，亦有神秘學專家認為電影有反宗教的意味。

原文所指的「你」是亞述帝國的首都尼尼微，在戲中卻指向 UFO

的行動。這個 UFO 和上帝有一個共通點，就是有關人類對其直視的禁忌，違者會遭擊殺（出 33:20）。多年來一直有人以外星人來詮釋宗教敘事，至於這些外星人對人類是否帶著善意，則有所爭議。《虛無》對此的立場是負面的，以「壞神蹟」來形容那 UFO 為人類帶來的災難。

《虛無》的主要角色面對著 UFO 有兩種反應，但都要把本來神秘崇高的事物變成商品化的奇觀。戲裏提及人們對外星來客的兩種態度，一種傾向相信對方是友善的使者或中性的觀察者，另一種相信對方是人類的威脅。經營著一個西部主題公園的 Jupe 傾向前者，意圖以馬匹向 UFO「獻祭」，作為主題公園的節目。

然而他這個計劃背後緊繫著他的童年創傷：他以前是電視台童星，參演一個和黑猩猩同台演出的劇集。有次拍攝途中，黑猩猩襲擊其他演員，躲在枱下的 Jupe 則避過一劫。在他的回憶裏，黑猩猩最後對他表現友好，這經歷影響了他對 UFO 的態度。Jupe 認為自己是個例外，能掌控崇高神秘的對象，既藉此生財，亦透過重演來克服創傷與恐懼。

另一邊廂，男主角 OJ 和他的妹妹 Em 則用視像科技來拍攝或「捕捉」（capture）那 UFO，希望藉此發達。本來 OJ 對 UFO 充滿畏懼，不敢直視 ——「Nope！」—— 後來卻把看／不看當作策略，一種 on-and-off 的操作。

他們請來拍攝野生動物紀錄片的高手 Holst，一個夢想拍下「不可能的鏡頭」（impossible shot）的攝影師。Holst 可說是導演 Jordan Peele 的分身，只是後者靠電腦特技來呈現 UFO，擬像奇觀取代了真實的再現，拍不到的便畫出來，便不會有 impossible shot。

法國哲學家 Jean-François Lyotard 論及崇高對象（Sublime）與藝術的關係時，以「表達那不可表達的」（presenting the unpresentable）來描述前衛藝術的美學特色。而從野生紀錄片到《虛無》這種電腦合成的娛樂影像，也是試圖「表達那不可表達的」，卻有異於 Lyotard 本身論及的藝術形式，因為《虛無》在戲裏戲外的做法，是把本身崇高神秘的對象，以科技「馴化」為可控制之物，那麼該對象便不再是「不可表達的」、也不再崇高神秘。

取而代之的，是人們以唾手可得的科技大量生產和消費的奇觀影像。《虛無》看來對這種現象有所批判，但與其說此片是對「景觀社會」的反思，不如說是反諷，因為它本身也是大眾消費的奇觀。

有趣的是，《虛無》的影像解構了崇高的宗教性，其敘事形式則構成另一種「宗教性」/ "Cult"。通常宗教敘事的「見證」指信徒對其親身目睹或經歷的崇高或神秘體驗向他人轉述，也算是

「表達那不可表達的」。

就這齣電影而言，一方面「不可表達的」被收歸於影像奇觀之下，但敍事中的「留白」或有待解讀的符號，則保持著神秘性。影迷投入討論，轉述其見證，也像信徒詮釋經文一般，猜想作者原意，而導演 Peele 便被尊爲這個世界的「創造者」，以奇觀取代了崇高。

有關奇觀的探討，大概是電影最核心的課題。《虛無》呈現了奇觀對宗教意識的影響，把科幻特技奇觀化成宗教 / Cult 一般的崇拜對象，反過來亦把宗教 / Cult 化成一場奇觀。不論是戲裏的角色，還是導演本人，都在嘗試把本來被敬畏的、超然的崇高對象（Sublime）轉化爲人類可以掌控之物，甚至是謀利工具。

\ 默想反思 /

1. 真誠去見證超越者的作為，歸榮耀給神，與販賣宗教經驗去謀利，見證者本身容易分辨兩者嗎？

2. 聖經中記載耶穌登山變像的時候，摩西及以利亞出現，與耶穌在地上進行會議，彼得見此便欲為他們搭三座棚，長留山上的奇觀，可見人有控制崇高事物的傾向，並不斷消費；人為甚麼有這樣的需要？商品化的宗教，與真誠崇敬超越者的宗教，差異到底在哪裏？

3. 如果現在耶穌顯現及對你說話，這經驗能夠讓你成為虔誠的基督徒嗎？無論能或不能，為甚麼呢？

《千萬別抬頭》(Don't look up)

| 2021 年 | 138 分鐘 | 美國 | 諷刺、科幻 |

一顆彗星即將撞擊地球，科學家盡其所能作出警告，但人們對此漠不關心，政治人物和社群媒體只顧眼前利益。末日將臨，奔走相告的科學家們還有甚麼可以做？

《千萬別抬頭》
天地有盡時

在兩極化思維盛行的時代，公共討論往往化為沒結果的爭議。《千萬別抬頭》（Don't Look Up）這部有關世界末日的黑色科幻荒誕喜劇，也在坊間引來兩極化的評價，很多影評人批評此片，但科學及環保界則有正面的評價。為甚麼這齣電影如此富爭議性？

可以說，《千》是這個時代的產物，社會有甚麼弊病，電影便以此為特徵去回應這時代 —— 淺薄、反智、娛樂至死、政治腐敗。例如有評論說電影以彗星撞地球來比喻極端氣候及瘟疫等重大危機，並諷刺當代人關心明星私隱多於重要的公共議題，但這齣戲本身就星光熠熠，同樣會令觀眾分心。批評者認為電影觸及的社

會問題繁多，卻缺乏深度，並未深入剖析問題的成因，欠缺創見，也無力鼓勵大眾行動。

若果《千》對環境災難、社會溝通失效和官商勾結等主題的刻劃欠缺深度，又無法帶來出路，爲何有不少科學家有正面的回應？因爲他們感到共鳴，在兩位科學家主角 Mindy 博士和研究生 Kate 身上看到自己的影子：危機證據確鑿、逼在眉睫，急忙奔走相告，卻遭受冷待、歪曲和鄙夷，不論怎樣據理力爭，也會被轉移視線。在上位的精英眼裏只有私利，大眾也不在意這些「離地」的問題。電影用桌球式連環撞擊的瘋狂節奏，加上滾雪球般一發不可收拾的荒誕情節，把美國以至西方社會各界都笑罵了一遍。即使最後全球「一鑊熟」，也爲那些壓抑已久的人發洩了一肚烏氣。

其實電影影射的不只是氣候危機，也可以說疫症。在一些西方國家，社會上下無爲而治，結果很多病人不治；科學家和醫護人員夙夜匪懈，也難阻陰謀論和反防疫陣營的攻擊。再延伸出去，近年各地政治風波和民粹風潮、胡謅的人成爲輿論領袖，還有後眞相年代的社會共識消失……《千》所預言的其實也是西方民主社會的末日。

一齣喜劇的基本評價就是觀眾是否感到「好笑」。但好笑與否是每個人的主觀感受，換言之，喜劇的本質就是無法得到絕對客觀

的評價。作爲一齣諷刺喜劇，笑點是立場鮮明且富有攻擊性的，被當作笑話的那一方當然笑不出來。諷刺面越廣，得罪人越多。《千》的預設立場是勢孤力弱的那一方，認同極少數，炳炳炳炳炳炳著社會大多數，難怪負評如潮。

那一少撮感同身受而爲此片鼓掌的人，不限於科學家和環保人士，也包括那些聲音不被聽見、辨理求眞結果碰了一鼻子灰的人。無力回天的電影主角最後那份無奈，遙遙呼喚著希臘神話裏被咒詛「預言不被相信」的先知卡桑德拉，或《聖經》裏預言猶大滅國的先知耶利米。

《千》的結局是最自私的人活到最後，可說是以悲觀主義回應犬儒的社會現實。既然導演對人類携手解決問題的可能性感到絕望，自然不會提出甚麼新見解或鼓勵人們行動起來。所以在「此片無法帶來出路或改變的動力」的批評背後，也許更難以接受其悲觀厭世的心態。

但悲觀不完全等同消極。《千》的焦點最後並非落在主角如何救世，而是用甚麼態度面對將臨的終局。其實不需要等待世界末日，死亡就是每個人必然面對的末日。相信很多人希望自己離開世界的一刻，有親愛的人相伴，這也是《千》主角的選擇。

有些觀衆嫌這回歸宗教與溫情的「愛回家」式結局，未免保守

陳套，但這只是虛無悲觀的黑暗中僅餘的一點燭光而已。另一方面，這一筆也點出了信仰上帝的獨特性：不讓人趨吉避凶、不為人解決問題，而是著重面對現實、迎向苦難的態度。若世局注定沉淪，你可以選擇愛世界而非厭世嗎？這是電影留給觀眾的問題。

\ 默想反思 /

1. Mindy 博士和研究生 Kate 偶然發現將有彗星直撞地球帶來毀滅，電影中卻諷刺沒有人認真看待這信息。若你遇上 Mindy 和 Kate，你會相信他們嗎？如果毀滅是不能避免的，你的生活會有改變嗎？

2. 悲觀不完全等同消極，Mindy 博士最後與家人一起在晚餐中等待彗星撞地球的一刻，回歸宗教與溫情。若世局注定沉淪，這世界仍然值得我們付出愛心及投入情感嗎？

3. 人作為存有，要面對死亡這實存的焦慮，人便思考現實的超越（transcendence），現代人卻漸漸將死亡變得陌生（死亡在醫院發生，遺體處理技術化），雖然處理了對死亡的焦慮，但人開始不關心現實的超越，只剩眼前的利益，展現在電影中的政客及大財團 CEO（開採彗星能帶來商機）；你對以上關於人類墮陷的描述有甚麼想法？人不再關心現實的超越，是思想的解放，還是萎縮？

教案連結

靈程光影
穿越電影世界的心靈行旅

《當福音再臨》（Come Sunday）

| 2018 年 | 106 分鐘 | 美國 | 劇情 |

牧師 Carlton Pearso 的信仰危機促使他對天國與地獄作出新的闡釋，挑戰了當時教會的教義。他主張神的大愛最終連不信祂的人都能救贖。面對著被逐出教會的危機，他會堅持己見還是妥協？

《當福音再臨》
不忍你受永刑

「如果神是慈愛的，祂怎會讓那些無辜的人因為不是基督徒而在死後下地獄，永遠受苦？」電影男主角 Carlton Pearson 心裏這個疑惑，其實也是很多慕道者、初信教徒和挑戰基督教信仰的人會問的問題。這反映了，這確是一個重要的問題。《當福音再臨》（Come Sunday）按美國一位五旬宗主教 Carlton Pearson 的事蹟改編而成，再現這個宗教領袖怎樣因為堅持自己的新信念而失去事業、師友背離，更被判定為異端。

作為大眾文化產品，這部電影呈現的不只是一個宗教內部的爭端，而是一個普世的、有關愛與公義的問題，也涉及到基督教在

公共世界要見證的是甚麼。這往往也是紛爭的開始和癥結。電影也顯示了，爲何這些涉及教義和基本信念的爭議，難以透過既有的宗教資源來解決。此片記述的事件一點也不罕有，教會的歷史就是分裂史。

在戲裏，觸發 Pearson 信念轉向的事情，首先是他陷在獄中的叔父自殺了。叔父曾請 Pearson 給他寫求情信申請假釋，但被拒絕，事後 Pearson 十分自責。另一個觸發點，是 Pearson 看到新聞報道 1994 年盧旺達大屠殺的片段，難民中的兒童捱餓受苦的樣子令他想到──「這些無辜的孩子死在戰亂與饑荒之時，眞的因爲未信耶穌就會下地獄嗎？」

禱告之夜過去，Pearson 在崇拜時宣告：上帝的聲音對他說「這些孩子都已得救。」此後經過他和其他人的多次議論，Pearson 堅稱慈愛的神不會讓人永遠在地獄受刑罰，因爲基督已然拯救了所有人，不信的人最終也必得救。結果，首先是其會眾離開，同工另立教會；餘下的會眾，也在非裔美國五旬節主教聯合會（the Joint College of African-American Pentecostal Bishops）宣佈他爲異端後離開。最後，他連教會資產也須變賣。

Pearson 的觀點其實並非石破天驚，這種「普世救贖」（Universal salvation）論調由來已久。戲中呈現的爭議，點出了一些基督教內部的信仰難題。電影一開場，描寫 Pearson 熱心宣教，連坐

飛機也不放過向鄰座乘客佈道的機會，然後逐步深入地描寫他對「拯救世人」的熱忱。

本來的他，因為要趕著搶救靈魂免讓他們死後下地獄，馬不停蹄地巡迴佈道；後來的他，也是因為不忍無辜受苦的人在地獄永遠受苦，而否定了地獄永刑的信念。他認為，人的罪惡造成的苦難才是「地獄」。

但從教會的角度，也是為了拯救靈魂，必須確保他們信耶穌、得永生，不想他們死後在地獄受苦，因此絕對不容 Pearson 的一套。若人不須悔改歸主，最終也可得救上天國，傳揚福音又所為何事？雙方各執一詞，正如無數宗教爭議的事例當中，即使基於同一部《聖經》，也是各自選取經文來支持自己論點。那些經文看來並不兼容，但又堅持經上所載皆為真理，結果「聖經無誤論」變了「釋經無誤論」，每一方都堅持只有自己詮釋的一套才是真理。未解決。

教徒怎樣分辨誰對誰錯？除了《聖經》和理性思辨，還有信徒間的共識和教會傳統，在這案例中只是引致意見分歧和群體分裂。還有一項，就是聖靈的感動，或上帝對個人的特殊啟示。電影試圖把 Pearson 描寫成一個聽到上帝聲音，獨排眾議，甘願捨棄名利的信心騎士，而站在他對立面的則是強權建制，或冥頑不靈的保守勢力。

這種格局的劇本忽略了一個重要的脈絡：Pearson 出身自美國的靈恩教派，特別重視信徒個人經歷聖靈的工作。男主角師承 Oral Roberts，被稱爲「豐盛福音」的教父。他們所指的「聖靈工作」體現於健康與財富，要求信衆熱烈奉獻，必有更大回報。所以 Roberts 有財力開辦自己的大學，讓 Pearson 爬上社會階梯，也難怪後者常常戴著金鏈與金錶。

了解這個劇本沒詳談的背景，便可更了解男主角「聽到神的聲音」這屬靈經歷的份量。但這也衍生出問題，因爲不同人各自聽到上帝的特別信息，卻互相衝突。所以 Roberts 質問 Pearson：「你怎知那不是魔鬼欺哄的聲音？」沒有同感一靈，結果就是會衆用腳投票，教會領袖用權力裁決，換言之，信仰的難題，最後用上市場及政治的邏輯解決。美國有宗教自由，電影描寫 Pearson 重新建立教會，會衆漸增。這眞的解決了嗎？

若以戲論戲，此片與類似題材的作品比較並不算突出；Pearson 一個人面對主教聯合會的「審訊」一場戲，本來令人想起馬丁路德在德國沃姆斯國會（Diet of Worms）的歷史時刻。若觀衆預期一場精彩的神學辯論，以及猶如路德「我企硬，無彎轉」（Here I stand. I can do no other.）的名言佳句，大多失望而回。

這場戲起初 Pearson 以攻爲守，然後主持會議的主教反駁，卻不接著描寫 Pearson 如何回應，就此草草轉場。或許編導認爲這種

宗教辯論的戲碼不合時宜，恐怕觀眾叫悶，著力描寫主角及其親友的情感交流。但這也放過了一個深剖主題的機會：若果最大的是愛，是否相信所有人皆得救才是大愛？若果不讓那些十惡不赦的壞人在地獄受永刑，是否不夠公義？

默想反思 /

1. Pearson 因叔父自殺及觀看了盧旺達大屠殺的新聞佈導，而轉向「普世救贖論」；你理解及接受他這轉向嗎？你對他最終被宗派總會判為異端有甚麼感想？

2. Pearson 在崇拜時宣告：上帝的聲音對他說「這些孩子都已得救。」便推論「基督已拯救了所有人，不信的人最終也必得救」；有其他可能的推論嗎？例如說，難民兒童有否另一種信耶穌的方式？

3. 由於「信耶穌，得永生」昭示了信耶穌是唯一得救之途徑，基督教也被詬病有強烈排他性；遇到這樣的批判，你會如何回應？

附錄：

靈程光影
穿越電影世界的心靈行旅

塔可夫斯基與聖愚

這個世界充滿矛盾；信仰滿有吊詭。有時上帝的旨意行在地上之時，會顯得不可理喻。有些遵照祂旨意而行的人，在別人眼裏並不神聖，也沒有榮耀，反而是愚拙和軟弱。在前蘇聯導演安德烈·塔可夫斯基（Andrei Tarkovsky）的電影中，這類人卻擔任了重要的角色。評論家們指這些角色體現了俄羅斯文化中的「聖愚」傳統。但老實說，這些電影角色的行徑，看來並不能成為眾人的榜樣。那麼，這些作品仍有啟發性嗎？為何無數觀眾皆被這些人物所感動，讓塔可夫斯基僅憑八齣電影便成為了電影史上公認的大師？本文會藉著塔可夫斯基中、後期的四個作品，探討有趣的「聖愚」形象。

塔可夫斯基的電影事業發展於冷戰時期。倘若資本主義世界的一個主要弊病是財富分配不平等，社會主義世界的問題則是權力不平等（其實最終都一樣）。塔可夫斯基作品不多，除了因為他是一個精雕細琢的藝術家以外，也是因為蘇聯政權的審查制度構成了創作上的巨大障礙，致使最後塔可夫斯基離開祖國。在無神論共產政權統治的時代，塔可夫斯基的作品卻滲透著俄國東正教傳統的氣息，難免跟建制格格不入。

****

《安德烈‧盧布耶夫》（1966）是塔可夫斯基第三部作品，按十五
世紀傳奇東正教聖像畫家安德烈‧盧布耶夫（Andrei Rublev）
的事蹟改編。盧布耶夫年輕時已薄有名氣，受邀為王公在教堂內
參與大型壁畫作業。但他內心良善，不忍在繪畫「上帝審判」這
主題時刻畫人類受苦的情形，因他深信上帝是慈愛的。這種執著
拖慢了工作進度，引起同伴不滿，甚至連弟子也離開了。後來韃
靼人入侵，在教堂內作出種種惡事，而盧布耶夫也殺了人，信念
大受打擊，從此封筆不畫，更立願禁言。這時候，他流傳後世的
名作《三位一體》（Trinity）仍未面世。十多年過去，盧布耶夫
遇上一個少年，令他的生命再次逆轉。那時候，因為連年戰亂和
疫症，鑄鐘師都已死去，唯獨一個少年，自稱從亡父口中繼承了
鑄鐘的秘密，召集了一眾工匠和村民去鑄鐘。盧布耶夫正路過這
村莊，見證著整個過程。鑄鐘計劃既是眾民的精神寄託，也受王
公之命，不成功，便成仁。然而，直至宏亮的鐘聲響起之時，仍
沒有人知道少年身負的「鑄鐘秘密」是甚麼。結果鐘鑄好了，眾
人歡天喜地，少年卻倒在盧布耶夫懷中告解：他父親根本沒有甚
麼秘訣留下來，一切都是胡謅。這時候，盧布耶夫終於打破禁言
令，並決志重拾畫筆──後來才有了《三位一體》這傑作。

之後塔可夫斯基拍攝了自傳式的《鏡子》（1974）和兩齣科幻題
材的作品：《索拉里斯》（1972）和《潛行者》（1979）。雖然《潛
行者》（Stalker）起初開出來的佈局是「科幻」，骨子裏不如說
是「靈幻」。相傳一塊隕石曾墜落某地，令那區域成為無人地帶。

據說區內有一個神秘的「房間」，能滿足進入者心底裏的願望。但人們必須由「潛行者」引路，否則可能連性命也不保。這次潛行者要帶領一位作家和一位科學家進入「房間」；他們越過持械守衛的關卡，進入了一個曾有人迹，但現已荒廢的區域。潛行者警告兩位訪客，這區域滿佈陷阱，也會隨著進入者的心境而轉變，所以隨便亂闖的人皆有去無回。他們幾經迂迴兜轉，終於到達了「房間」門前，但這時候作家和科學家都不想進去。原來科學家認為「房間」太危險，若給一個心術不正又要改變世界的人在其中許願的話，後果不堪設想，所以帶了一個炸彈來要炸毀「房間」；作家本來苦於靈感枯竭，希望得到寫作的無盡天賦。但他在路途上一路思索，臨到「房間」之前，才覺得一切理想皆無意義，倒不如酒醉宴樂。作家徹底的懷疑論調也影響了科學家，使他放棄了炸毀「房間」之念頭。三人回去了，潛行者因為人們失去信念而悲憤莫名，他的妻子卻走到觀眾面前，坦言即使眾人都視潛行者為笑柄，會為親人帶來不幸（其女兒無法走路），她仍對這段婚姻無怨無悔。

完成《潛行者》之後，塔可夫斯基無法再忍受蘇共政府對其創作的制肘，決定離開祖國，在歐洲繼續創作。這是一個痛苦的決定，他在意大利拍攝的《鄉愁》（1983）正反映出這種矛盾。《鄉愁》（Nostalgia）講述俄國作家安德烈·哥查可夫（Andrei Gorchakov）到意大利考察音樂家帕維爾·索斯諾夫斯基（Pavel Sosnovsky）的事蹟，卻像後者一樣陷入難解的鄉愁之中。他們

跟塔可夫斯基本人一樣，所企盼的是無可挽回的精神之鄉，而非某個實際存在的地方，皆陷入了深深的孤獨之中。哥查可夫面對意大利的古蹟和名畫完全提不起興趣，對著美麗又投懷送抱的隨身翻譯員也冷漠抗拒，甚至連本身的研究工作也變得無謂，反而被一個古怪的老頭多明尼克所吸引。多明尼克是衆人眼中的瘋子，曾因爲「世界末日將臨」而把家人困在室內七年。他相信只要提著蠟燭穿過聖嘉芙蓮溫泉，便能拯救世界，但因人們視其爲瘋子，不讓他實行計劃。多明尼克把一截蠟燭交託給哥查可夫，希望後者能代他完成未竟之志。結果，哥查可夫在回國前突然折返回聖嘉芙蓮溫泉，嘗試提著蠟燭穿過去；而他那時並不知道，多明尼克走到羅馬，在廣場上大聲宣告，勸人悔改，隨即自焚殉道。幾經嘗試，哥查可夫終於成功地提著燭火穿過溫泉，但潛藏的心病也發作了。在死亡之時，哥查可夫終於回到他的精神故鄉。

兩、三年後，當塔可夫斯基在瑞典拍攝《犧牲》（1986）之時，他仍未知道他的癌症已擴散，而《犧牲》（The Sacrifice）將會是他最後一部作品：身兼大學講師、演員和作家身份的亞歷山大馬上要迎接五十歲的生辰，他帶著兒子栽種一棵枯樹，並講述一個僧侶爲枯樹澆水直至其開花的故事。家人和好友齊集在亞歷山大的海邊小屋，準備爲他慶祝，但他卻有一種莫名的惶惑。忽然核戰爆發的消息傳來，末日將臨，他的妻子情緒馬上崩潰了。亞歷山大在幾乎絕望之際，向上天祈求扭轉一切，立願捨棄財產、家庭、事業、語言……一切。他從那位充滿著神秘知識的郵差朋

友奧圖那裏得知，家中的女傭瑪莉亞其實是個女巫，只要跟她同床，便能達成願望。亞歷山大照著行了。一覺醒來，他發現一切如常，災難彷彿從未降臨，便遵守承諾，一把火燒了房子，閉口不語，結果被家人送上救護車，似乎要駛往精神病院⋯⋯

****

很多評論家都指出，塔可夫斯基電影中很多重要角色都帶著俄羅斯傳統的「聖愚」（Holy Fool）形象，也是其電影的魅力所在。「聖愚」是「爲了基督的愚痴」的簡稱，有基督宗教的根源，漸漸深入俄國文化的骨髓中，也發展出不必帶有宗教身份的文藝形象。「聖愚」這稱號本身便蘊涵著內在的張力，既神聖又愚痴，言行與別不同，對一般人來說，自然會衍生出一個問題：「我們應否把他們視爲榜樣？」學者 Ewa M. Thompson 從有關聖愚的典籍中歸納出由五組二律背反所組成的「聖愚法規」：智慧－愚蠢、純潔－污穢、傳統－無根、溫順－強橫、崇敬－嘲諷。她更提出，俄羅斯聖愚傳統其實是基督教和薩滿教民間信仰（Shamanism）的混合物，有別於理想中因爲充滿憐憫、謙卑順服於上帝而在世俗人眼中顯得愚拙的虔誠基督徒。相反，歷史上的俄國「聖愚」有不少是眞正的精神病人或投機取巧者。

塔可夫斯基的電影裏，常常引用《聖經》經文，安德烈・盧布耶夫亦是一位名留青史的東正教畫僧，可見這位導演的宗教傾向

（在一個無神論政權治下，這並非一種優勢）。然而，塔可夫斯基的「聖愚」之行徑都不是一般信徒期望的「好見證」，甚至是「犯罪」—— 例如《犧牲》中的亞歷山大與「巫女」瑪莉亞同床，就是婚外性行為和施行巫術。塔氏鏡頭中的「聖愚」，跟其他基督教電影的聖愚有所不同。例如意大利導演羅西里尼（Roberto Rossellini）的《聖法蘭西斯之花》（1950）描寫法蘭西斯神父與跟他一起苦修的弟兄們的事蹟，呈現了安貧樂道、團結友愛的宗教美德。但塔可夫斯基則強調在信仰已然失落的現代社會中，面對著各種苦難和罪惡，人必須重拾宗教精神，才不致於徹底絕望與沉淪。「聖愚」與其說是一種榜樣，不如說是上帝再度介入人世時一個活生生的徵兆。

在《安德烈·盧布耶夫》、《潛行者》、《鄉愁》和《犧牲》中，帶有聖愚特徵的角色不只一個。除了《潛》之外，戲中主角都是被其他的「聖愚」啟發而成為其繼承者。這些繼承者本來都是有識有才之士，但對著世道之黑暗，其才能卻顯得並無意義。他們執著美善，不願妥協，走上孤獨之路。這種按世俗的智慧顯得格格不入的特色，反映出聖愚的潛質，引起了其他「聖愚」的注意。盧布耶夫深信上帝慈愛，不想繪畫末日審判時世人受苦之景象，拖慢了進度，引起了同伴和委託者的不滿。在今天的標準來看，那是「不專業」的表現。然後戰火燒來，他不單目睹罪惡，更親手殺了人，大受衝擊。他棄絕繪畫和言語，因他已無道可傳。能令他改變的，是多年後出現的鑄鐘少年。這少年根本沒有甚麼家

傳秘訣，卻撒了一個可能會令他和同伴掉命的大謊，純粹憑信心和熱情去工作，完全是愚拙的表現，最後卻完成巨鐘，讓人們重拾精神寄託。整個過程看在盧布耶夫眼裏是神蹟，是恩典的重臨，因而回復信心。

《鄉愁》中的哥查可夫空有一身才學，無法排解鄉愁。他大概期望在研究索斯諾夫斯基的生平時會得到一點啟發，結果也是徒勞。多明尼克作為「聖愚」出現，成了前者最後的盼望。多明尼克在眾人眼中是瘋子，但哥查可夫卻看到他那顆純正的內心。多明尼克把「點燃蠟燭走過溫泉便能救世」的使命傳給哥查可夫，因為他知道哥查可夫跟自己一樣，渴求著對於終極的歸宿。結果多明尼克把自己變成了蠟燭，哥查可夫接了「聖愚」之棒，最終也犧牲了性命。也許在其他人眼中，哥查可夫也是發瘋了。但對於他們二人來說，在懷有信念的人之間才能知悉如何安頓於精神故鄉的奧秘。《犧牲》的亞歷山大跟盧布耶夫和哥查可夫一樣，他們身負才學、衣食無憂、薄有名氣，按現代社會的標準已是「成功典範」，但面對著終極的問題──有關精神的歸宿與安頓、世上的苦難和罪惡──那些「優點」完全沒有意義。在末日來臨之際，亞歷山大發現自己完全無能為力，只能許下犧牲一切之願來祈求上帝扭轉一切。啟發他的「聖愚」是郵差奧圖和女傭瑪莉亞，社會地位低微的人。這二人背景神秘，例如奧圖原來是專門研究神秘學的人，也會在送信時跟阿歷山大這學者談論尼采的哲學；瑪莉亞在他人眼中是個孤僻的怪人，但她卻能了解並撫慰亞歷山

大的哀傷。亞歷山大須得到二人的幫助才能拯救世界，最終也成
為一個「聖愚」——別人眼中的瘋子。

《潛行者》則有所不同，其主角就是那位意欲啟發別人的「聖愚」。
他的對象也是兩個知識份子。對潛行者來說，那個神秘房間對世
人意義重大，因為在現代社會，憑藉世俗知識和技術的發展，人
們仍然活得痛苦，而那房間可讓那些絕望的人得到最後的希望。
當然相信這一點的人很少，潛行者被人嘲笑，也因為要闖入禁區
而曾遭監禁，他仍矢志為了守護丁點的希望而犧牲自己的安康，
就像多明尼克和哥查可夫要守護著燭火一樣。可惜這次跟隨潛行
者找尋「房間」的科學家和作家並不像塔氏其他電影中的知識份子
一樣願意擁抱信念，反而在「房間」的門檻之前選擇徹底的犬
儒——他們決志的是：「我不相信！」潛行者因此大受打擊，控
訴這些沒有信念的所謂「知識份子」。他或許忽略了身邊原來一
直有一位真正的「聖愚」——他的妻子，明知他是眾人的笑柄，
仍然不理家人的反對嫁給他，心底裏無怨無悔地愛他。

＊＊＊

聖愚無法成為模範，相反，他們往往挑戰規範、打破慣例。那
麼，述說他們的故事有甚麼意義呢？若他們不能被視為模範，人
們便不能從他們身上學效甚麼。然而，當上帝介入人世，指派祂
的僕人行事，性質並不一定是規範性的。舊約先知何西亞奉上帝

之命娶淫婦為妻、以西結以糞起火烤餅、以賽亞和彌迦赤腳露體地遊走民間，皆打破了既定的規矩，不免在人們眼中顯為「不正常」。上帝賜予人理性，而理性與規則是天作之合，人便需要規則去指引他們如何行事，著重一致性和普適性。然而上帝既為立法者，也可以打破規則；祂可以透過其僕人在獨特的歷史時刻向人宣告，譴責其罪，勸其悔改。這些先知之言行有其獨特的時代意義，卻不必然符合大多數人所習慣的規矩。有趣的是，這種形式雖在普遍法則以外，卻會再三重複出現。

塔可夫斯基的「聖愚」也像那些先知一般，其信念與言行之意義針對著獨特的時代背景。而塔氏本身也是一個「聖愚」；他見證著現代社會中，人倚仗著理性和自己設立的法規，以為可以控制和預期一切，卻終究無法解決人生安頓、罪惡和苦難等終極問題，反而在核子災難的陰霾下一邊惶惑不安、一邊虛空宴樂。知識份子在電影中被質疑藐視（例如《潛行者》中的兩個訪客、《鄉愁》和《犧牲》的男主角），他們腦中的知識和口中的道理再無意義，倒不如默然不語（盧布耶夫和亞歷山大立願禁言；潛行者的女兒和亞歷山大的兒子不說話）。絕聖棄智，是為了回歸始源。宗教就是戲中聖愚的靈魂故鄉；他們的奇怪言行，只為警告人們這個時代的危機，世人須重拾信仰才能得到救贖。他們的「救世」方法實際上是否可行，並不那麼重要，重要的是人們回到信仰與希望之途。可惜人們偏偏視他們為愚痴，只有少數的人能繼承這些「聖愚」的燭火。

塔氏「聖愚」還有一個共通點，就是一顆赤子之心；「變成小孩子的樣式」是排解靈魂裏的鄉愁的一條通道。孩童在塔可夫斯基的電影中往往象徵著希望。在他最後一齣電影《犧牲》的最後的一場戲裏，亞歷山大被救護車載走時，經過了他與喉部剛動過手術而不能言語的兒子一起種下的那棵枯樹。那時候，兒子正爲枯樹澆水，並不知父親在車上。鏡頭一轉，兒子躺在樹下，突然開口說話：「『太初有道』。爲甚麼呢，爸爸？」這是塔氏作品的最後一句對白，不像現代人總是自以爲擁有答案，而是帶著問題，「無知」地回轉向父神。似愚猶聖，既是終結，也是始源。

靈程光影
穿越電影世界的心靈行旅

留一口氣、點一盞燈：
葉問、食飯、世界末日

王家衛、葉問、尼采、貝拉・塔爾和塔可夫斯基可以怎樣拉起來一塊兒講？那根串起來的線是人世之苦難。這篇文章就是有關電影藝術中，人面對苦難的不同面貌。

（一）

王家衛的《一代宗師》有一句話意味深長：「憑一口氣，點一盞燈。有燈就有人。」這是八卦掌和形意拳的宗師宮寶森敗給葉問之後所贈之言。這句話跟葉問師父陳華順在入門「上腰帶」儀式上的一句話互相呼應：「一條腰帶一道氣，［…］以後你就憑呢啖氣做人。」腰帶跟燈的意象明顯有傳承之意，但我對「一啖氣」更感興趣。

《一代宗師》講的是大時代中的武林。如果傳統武俠故事中往往是有關誰當武林盟主、誰是天下第一的話，《一代宗師》和甄子丹主演的《葉問》則可能是反武俠的。在有槍炮的世界，一個人即使成了全世界最強的武者又有何意義？《葉問》中最教人熱血沸騰的對白，是葉問在日軍武道場說「我要打十個！」然後大獲全勝。下一幕，葉問提著那袋沾染了同胞血的米，獨自步行回家，

沒有半點亢奮。一輛載著日本兵的軍車迎面駛來，葉問只能縮在路旁，看著侵略者絕塵而去。《一代宗師》有一幕很相似：在武林夙負盛名的葉問在金樓拒絕了日軍招安。他說自己不怕窮，而且朋友多，即使沒錢也能捱一年半載──實則是窮到要吃人家的剩菜。上一幕才剛顯露了風骨與帥氣，下一幕提著剩菜回家時，迎面走來一列日本兵，葉問還是要避過一旁。

傳說中的英雄在山巔比試，但葉問眼中的高山，不是宮寶森，不是一線天，是生活。他不為五斗米折腰，但人家的剩菜不夠他養活家人，最終餓死了兩個女兒。

一個血肉之軀，面對著大戰爭，面對著陷落的時代，武功強絕有甚麼用？對於很多理想主義者來說，費盡力氣也無法將現實向理想那邊移近半分，那麼現實就是淪陷。不管他們多優秀、多努力，所作的也很有限，甚至可有可無。論心態，有些人說他們杞人憂天；論行動，有些人說他們無事生非。直到某一刻，他們只能退守自保，回到家庭和自身的領域打拼──能守住這一塊也不容易了！黃家駒《海闊天空》有一句：「背棄了理想，誰人都可以。」那是自私嗎？是放棄原則嗎？但我認為，每一個講求理想和原則的人，也必須誠實地自省：面對大逆境時，若果連自己也保守不住，又如何談得上改變世界？

曾引起爭議的電影《十年》最後以這一句話作結：

靈程光影
穿越電影世界的心靈行旅

「所以通達人見這樣的時勢必靜默不言，因為時勢真惡。你們要求善，不要求惡，就必存活。」——〈阿摩司書〉五章 13–14 節

「見這樣的時勢必靜默不言」，用廣東俗語來講，就是「慳返啖氣」。這一口氣，留著有用。

葉問在電影中的形象，先是一個養家的男人，然後才是英雄。所謂的保守，不必是戲劇性的信念崩潰、自我否定，繼而畏縮犬儒。「留一啖氣」給自己，是對底線的堅持。葉問來到香港時，不是甚麼大俠，而是「為兩餐」的平凡人，跟其他來自各省各地各門派的武術家一樣，也跟其他逃難來港的各行工匠無異。即使是匠人，也應藉著一身技藝和修養「搵食」，不馬虎不苟且，像甄子丹演的三集《葉問》都強調武德，所保守的就是「一啖氣」。

周潤發說過，香港人的核心價值就是「搵食」。甄子丹在《葉問 2》裏，苦苦等到黃曉明等首批學生上門學藝，第一件事不是著他們敬茶拜師，而是反覆說著「交學費！交學費！」。那跟他成為宗師並不相悖。傳道授業，每個學生都是「一盞燈」。王家衛沒有把葉問拍成民族英雄，而是強調他讓詠春開枝散葉的貢獻。

（二）

面對貧困和戰爭，葉問熬過去了。若果他面對的是更壞的境況，他一樣能熬過去嗎？你會問，這樣設想有甚麼必要？做人不要那

麼悲觀。那些悲觀者，看世界總是灰色的，「時勢眞惡」是常態。不過，我想繼續談下去的，正是世界的陷落的可能性；而最壞的可能性是甚麼？不是戰爭和飢荒，而是「末日」。

因爲我是一個悲觀者。

「末日」是甚麼意思？就是沒有解決的辦法，沒有熬過去的可能，只有終局。但我不想往實證的方向鑽下去，說是小行星撞地球、太陽燃燒殆盡，還是因環境問題造成的第六次大滅絕。我想把「末日」視爲一個意象，並且討論由之而產生的心態。這心態可用一個問題來概括：若一個人看世界只會變得越來越差，直到毀滅，不論多努力都沒用，那麼，他可以怎樣處世？所以說「世界末日」中的「世界」，可以指全人類生活的地球，也可以指一個人的生活世界。如果一個人，被醫生告知他患了末期癌症，只有三個月命，那就是他的「世界末日」。剩下那三個月，是走向終局的末路。那是客觀的現實，不能靠調整心態去改變。如果一個科學家基於十分充份的證據，得知小行星將會在一年內撞向地球，那便不是旁人一句「不要那麼悲觀」便可以處理得到的實際問題。

有兩齣關於世界末日的電影，沒有眩目刺激的電腦特效，但都對「如何面對末日」的問題有深刻的探索。第一齣是匈牙利導演貝拉・塔爾的《都靈老馬》（2011），另一齣是前蘇聯導演塔可夫斯基的《犧牲》（1986）。兩齣戲都是該導演的最後作品，標誌

著其創作生涯的終結。

《都靈老馬》的靈感源自尼采。人們對尼采的印象主要有兩點：一，他說「上帝死了」，人自爲價值的創造者，成爲自由的「超人」；二，尼采是個瘋子。《都靈老馬》這齣戲跟他發瘋的事迹有關。相傳尼采精神崩潰的觸發點是他在都靈的街上看見一個馬伕鞭打一匹馬，他便激動地阻止那馬伕，並抱著那匹馬痛哭：「我受著苦難的馬兄弟啊！」自那天起他便病倒了。電影裏沒有尼采，主角是那個馬伕和他的女兒。

馬伕鞭打馬兒，因爲牠不願工作，卻不是生病或懶得動。影片一開始，就是映著馬伕和馬兒在上山回家的路上。那時候馬伕還未知道，原來馬兒停工只是世界末日的開始。上帝用六天創世，貝拉．塔爾則倒數著世界最後六天。首先是馬兒不工作，繼而不吃、不喝。馬伕無法工作，只能跟女兒待在山上。後來傳言社會秩序瓦解，人們嘗試逃難。本來馬伕不信，但改天醒來，賴以維生的井水竟然枯竭了，唯有跟女兒執拾細軟離開，怎料連逃跑的路也沒有了，只能待在家中。最後一天，日月無光，呼應著上帝創世的第一天。第一天，祂創造了光；最後一天，世界被籠罩在黑暗裏。雖然故事指涉到基督教和猶太教的創世神話，但貝拉．塔爾是個無神論者。曾經有人問他，你的電影裏那麼多宗教元素，你相信神嗎？老導演說，你看看這個世界，如此不堪、醜惡，你怎麼可能相信有神？

貝拉‧塔爾沒有解釋世界末日的原因，馬伕父女一直只是被困在那個極度局限的世界裏。終局對他們來說是奧秘，那世界沒有神，純粹就是那樣完結。這齣戲的風格對一般觀眾來說，就是沉悶。首先，《都靈老馬》是黑白電影，連色彩都沒有，更不要說山崩地裂的奇觀畫面。戲裏分了很多篇幅，仔細地描繪馬伕父女的日常生活：起床、更衣、餵馬、裝車、煮食、吃飯、就寢……重重複複，節奏緩慢。不過，若觀眾仔細地看，日常規律的場面其實不乏細微差異，例如攝影機的位置和角度，以及人物在構圖中的位置，並不是每一天都一樣。悲觀的人，其實就是敏銳於細微差異的人。馬伕父女的日常生活看似反覆乏味，實際上他們的世界卻逐步崩潰。就如有些悲觀者說世道淪喪，周遭的人卻認為城市一切如常，只是前者杞人憂天 ── 直至有一天他們可能連水也喝不了。

然而《都靈老馬》跟其他以世界末日為題的電影不同，沒有超級英雄或救世主，也沒有逃出生天的方舟或飛船，只有實實在在面對終局的平凡人。結局時，馬伕和女兒「如常」地坐在餐桌旁，桌上的食物依舊是每天都吃的馬鈴薯。但是他們已沒有火，也沒有水，所以馬鈴薯沒有煮過。馬伕對著胃口全無的女兒說：「也得吃呀！」，拿起生的馬鈴薯啃了一口。若末日已到，吃飯已無實際意義，剩下的似乎是一種不屈的態度，在滅亡之前的一刹那，試圖抓住意志的自由。馬伕這一口馬鈴薯，算不算相當於葉問的「留一啖氣」？一代宗師「也得吃呀！」

即使馬伕留了「一口氣」，但末日之際，也無法「點一盞燈」。《都靈老馬》的結局是曖昧的：女兒對父親的說話沒有反應，而馬伕啃了一口馬鈴薯，也放下了。父女無言地被淹沒在黑暗中。

（三）

安德烈・塔可夫斯基拍攝《犧牲》的時候，癌細胞已在侵蝕他的肺部。若絕症對一些病人來說就如世界末日，《犧牲》所呈現的就是塔可夫斯基面對末日的態度。

《犧牲》的男主角亞歷山大跟貝拉・塔爾一樣，是個有名望的知識份子，也同樣不相信上帝。可以說，除了信仰以外，亞歷山大甚麼都不缺：名利、妻兒、還有一幢海邊大屋 —— 但是他不快樂。

就在親友團聚在亞歷山大的大屋裏準備為他慶祝生日的那天，核戰爆發。浩劫當前，亞歷山大向上帝許願：我願意放棄一切，名利、妻兒、大屋，終身禁言不語，只求祢讓一切還原。另一方面，他那奇怪的朋友，郵差奧圖，亦著他往那個被人視為「女巫」的傭人瑪莉亞的家，跟她睡一覺。亞歷山大也照做了。

一覺醒來，甚麼也沒有發生，包括本來已爆發了的第三次世界大戰。亞歷山大信守承諾，趁家人不覺，放火燒了大屋，也不費唇舌解釋，最後被當作瘋子抓去了。醫護人員把亞歷山大載走的時候，亞歷山大的小兒子躺在海邊樹下，不知道父親已經離開。電

影最後一句對白，也是小男孩唯一的一句話：「『太初有道』。
為甚麼呢，爸爸？」

那棵是枯樹，是兩父子一起栽種的，亞歷山大還教兒子為枯樹澆
水。作這事並無實際作用，就如《都靈老馬》在末日吃的一頓飯。
那是象徵意義大於實際意義，像一個儀式。有趣的是，亞歷山大
當過演員和講師，是個靠一張嘴賺錢的人，卻為了世界立願禁言；
他的兒子在整齣戲都沒有對白，直至結局的那一句。跟《一代宗
師》的宮二相對，宮二立願之後不婚不傳，宮家六十四手之燈火
只能留在佛寺裏，沒有延續；亞歷山大立願之後默然跟親人仳離，
但兒子開聲，彷彿是留著「一啖氣」久了，終於繼承了父親的「一
盞燈」。栽種枯樹，猶如點燈。

回說小男孩那一句「太初有道」，出自〈約翰福音〉的第一章首
句。這一章接下來是說基督就是道，也就是世界的光，然而「光
照在黑暗裏，黑暗卻不接受光。」令人想起上帝把兒子耶穌作獻
祭的事情，跟亞伯拉罕甘願獻長子以撒，以及亞歷山大捨棄親情
之誓願有相當的呼應。然而，塔可夫斯基並不是透過電影來傳教，
因為亞歷山大除了祈禱還有跟巫女交合，並不「正統」；而戲裏
也沒有神祇天使之類的角色出現，觀眾大可視之為純粹的異象，
跟無神論的《都靈老馬》一樣。《犧牲》的結局似乎跟《都靈老馬》
同樣是曖昧不明的。但小男孩那句話是有對象的，就是「爸爸」。
「爸爸」除了指阿歷山大，是否也可能指「天父」？那句話是問

題而非定論，向未知的領域開放，引發更多問題，讓觀衆思索。

塔可夫斯基跟貝拉‧塔爾不同的是，馬伕父女至終沒有求神拜佛，留一口氣在肚裏，但亞歷山大卻轉向神靈，一口氣傾吐出去。貝拉‧塔爾說「世界這麼差勁，怎麼可能信上帝？」，然而另一個人卻可以說「世界這麼差勁，怎麼可能不信上帝？」人面對的同樣是淪陷之局，那是關於事實的判斷。但按著同一的判斷，同樣悲觀得認爲世界只會朽壞的人，其信念卻可以走向完全相反的方向。那是信仰的自由，也就是意志的自由。「留一啖氣」這意象，可以被理解爲保存這一股自由的意志，這股在面對苦難時能作出截然不同甚至相反的選擇之意志。馬伕那「一啖氣」和著馬鈴薯吞下去，不屈而堅強，卻未免「谷氣」；亞歷山大的姿態卻是軟弱的，把自己交出去，也可以是一種解放。你可以說，他把「一啖氣」捨棄了，但他交出去的那口氣是爲了讓世上的燈繼續燃亮。「一啖氣」和「一盞燈」看來不再並存，卻有所轉化。「點一盞燈」是盼望之所在 —— 意志與自由並不只是個人的事情。卽使面對「末日」，仍有人相信新天新地，或者是尼采的「永恆回歸」。誰知道呢？悲觀不等如消極。那是你的自由，你的選擇。

「你要保守你心，勝過保守一切，因爲一生的果效是由心發出。」——〈箴言〉四章 23 節

愛這個罪惡世界：
甘小二的宗教電影

甘小二的獨立電影作品，是罕有的以中國基督教為核心的宗教電影。他的三部長片，不是宣教事工，而是一個基督徒導演在電影和宗教兩個場域交疊之處誠實的自我探索。這些作品的題旨大異於《沉默》窮究西方宗教嫁接到東方文化的問題，而是一開始便從「中國有這樣的一群基督徒」為既定現實的起點出發，為被人忽視的人和事留下影像的紀錄。要把甘小二的電影定位，比較對象不會是那些有明顯基督教福音信息，帶著既定的「得救見證」公式的宗教宣傳電影，而是歐洲導演英瑪‧褒曼、羅拔‧布烈遜和羅拔托‧羅西里尼那些以影像思索宗教靈性問題的類別。

甘小二的電影可能會使人不安，尤其使基督徒不安，因為其電影的最後「解決」總不是完滿的，而是保留著疑惑，而那正是誠實的信仰反省的印記。所謂「福音電影」往往有以下的公式：主角因為罪而遭遇困境，然後與神相遇，悔改並得到救贖，從罪與困境中解脫出來。荷里活有不少這樣的電影，劇本與演員俱佳，娛樂與教育並重，某程度上可說是源自基督教文化傳統的一種成年人童話。但中國沒有這傳統，所以中國的基督教敘事是邊緣的。甘小二的電影也描寫活在痛苦和罪惡中的人在基督信仰尋求救贖，卻沒有天真地把宗教視為解藥，因為即使主角成為了信徒，

也不意味著痛苦和罪惡從此遠離。那麼信仰所謂何事？這種問題意識正是甘小二的電影值得一再細味之處。

三部電影，三個封印

《第七封印》或許是瑞典導演褒曼最為人所熟悉的作品，戲中十字軍騎士與死神下棋，靠高超棋藝推延死期，卻沒料到死神會躲在告解室裏聽到他的秘密。甘小二很喜歡褒曼的電影，並借用「第七封印」來為其工作室命名。他計劃拍攝七部有關中國人精神生活的宗教電影，但這個「七封印系列」跟褒曼的經典作品沒有直接關係，而是作為他自我審視的過程。在《聖經》中，七封印是末日審判的象徵。在 2013 年的一次訪問中，甘小二說：「我认为审判不是在某个特定的『末日』才到来，而是一种充满生命过程的时时刻刻的期待与经验。」（《陽光時務周刊》（已停刊）#40）。

既是審判，又是探索，過程中總是伴隨著痛苦和罪孽，在甘小二的頭三個「封印」裏，主角都是帶著罪咎的人，不管他們是不是信徒。

《山清水秀》：「賣子」

廣東省一條農村裏，農民阿水活在赤貧之中，妻子即將臨盆，妹妹沒錢上中學。二弟去搶劫，判了死刑，賄賂法官的話也要一大

筆錢。結果阿水將可以出賣的都出賣：先是賣豬、再賣血，再賣子賣妻。怎料「沒有的，連他所有的也要奪過來」，阿水賣血染上愛滋病毒，妹妹出城打工失去聯絡（可能被賣爲娼），妻子自殺，弟弟被槍斃後還要繳交子彈費。阿水的獨子也沒被送到富裕人家的搖籃裏安睡，因爲買家其實是騙人的人口販子。

有些觀衆或許會嫌這戲太不眞實，怎麼可能悲慘的事都集中在一個人身上，但正所謂「現實比小說更離奇」，有時我們對眞實／不眞實的評斷，可能只是受制於我們對於現實黑暗一面的接受能力 —— 也或許是我們自己的生活太安舒了。作爲藝術創作，甘小二對人物與情節作出戲劇化的處理也不是甚麼特別事情，重點是他處理得如何。

其實悲慘的阿水不是《山淸水秀》唯一的主角，導演最想表達的其實也不是現實的困苦，而是超越這種黑暗現實的心靈亮光。戲裏有一個戲份不多的無名傳道人，在村裏反覆出現，說著阿水和其他村民都不明所以的話。看來阿水所體驗的不是「神愛世人」，而是「禍不單行」。後來警察從人口販子手上救回阿水的孩子，不是好事嗎？噩運終於完結了嗎？不，這時候阿水病重，無力擁抱被救回來的孩子。他已是生人勿近，在床上等死，孩子即將成爲孤兒。這時候，無名的傳道人出現，把手按在阿水身上作最後的禱告，告訴他是神所愛的兒女，將會在天國得到安息。傳道人的妻子把阿水的遺孤抱在懷裏，當成自己的兒子一樣。

當一個人處於不受法律保障又爲法律所治、沒有身份與權利的存在狀態，意大利哲學家阿甘本說的是「裸命」（bare life），而阿水遭遇的這種「裸命」也可謂之「爛命」。《山清水秀》所探討的問題是「這樣的一條爛命還有甚麼價值」？阿水可以出賣的都出賣了，從肉體到人格（賣仔賣老婆不就是人渣嗎），還剩下甚麼價值？傳道人給阿水的最後安慰，就是以下信息：所有人都不把你當人看（包括你自己在內），但上帝卻把你當作人看，當作人看就是說，你是被愛的、有價值的。所謂救贖就是：你回到上帝的愛裏了——你不要內疚了。

這大段話你可能覺得陳腔濫調如茶餐廳的味精例湯，但請你先想像一下自己投身進阿水的「擺命」處境，或會忽爾明白戲裏山清水秀的田園風光是如何的諷刺，刺痛的刺。

《舉自塵土》：「殺夫」

阿水的故事是一個懵懂的、從慕道到初信者的階段，而《舉自塵土》的主角小麗則在教會裏有事奉崗位，是村裏的教會銀樂隊成員。表面看來這齣戲有關一個農村平信徒的日常生活，不過這「日常」也是勞苦沉重。小麗的丈夫本是煤礦工人，爲國家發展對能源的巨大需要流汗出力，獻身獻肺，患上了塵肺病，長期住院，但沒有賠償沒有醫保。另一方面，小麗也沒錢給女兒交學費，女兒被停學。丈夫的治療費付不了，病床被移到走廊的一角。但小

麗「如常」地上教會，對別人的問候都只說一聲「好」。跟其丈夫一同在村裏長大的「兄弟」們，口裏總說會幫忙，其實有閒錢都拿來打牌。「兄弟」當中最虛偽是小麗女兒的班主任，像「收數佬」多於一位教師。後來教友籌集了一筆錢讓小麗作醫藥費，她卻用來給女兒交學費，更在醫院拔掉丈夫的維生裝置，騎著三輪車把他載回家，讓他在久違的美好回憶中斷氣。

或許某些人會覺得小麗很可怕，在這些境況還保持平靜，是多麼壓抑哦！更不用說她作出騙財和殺人的罪行呢！但在甘小二的鏡頭下，小麗不是罪犯，而是個蒙福的信徒。雖然他說拍電影是「審判」，他的鏡頭卻故意懸擱論斷。《舉自塵土》整齣戲最重要的一幕，是小女孩被停學以後在家裏禱告，她雖看穿班主任的虛偽，卻無怨恨，反而為他的悔改代禱。這場戲猶如邀請觀眾代入小女孩的心境，透過她清心的眼睛去看，便會明白小麗的平靜和苦罪如何並存無礙。

《在期待之中》：「淫亂」

《在期待之中》的女主角笑陽，教名「瑪利亞」，是一條小村教會的負責人。她在政府部門辦了結婚證，其婚姻卻不為教會承認，因為其丈夫非但不是信徒，更是為寺廟雕刻偶像的木匠。笑陽欲邀請有專業能力的舊同學當詩班教練，卻被牧師責備，因為對方不是信徒；她懷了身孕，更被姊妹直斥犯姦淫。笑陽尋求的只是

諒解，但接納她的似乎都是非信徒：一個尼姑、她的舊同學 ——
直至三個自東邊來的宣教士在路上碰見她，給她與孩子和丈夫祝
福。笑陽的鬱結終於得到了紓解。

整齣戲就在屬靈／屬世的辯證中鋪展出來，透過具體描寫宗教生
活的物質性，挑戰教會對「不屬靈者」的論斷。《在期待之中》
明顯對這種論斷保持著批判的態度：那邊廂牧師講「信與不信原
不相稱」，非信徒不能參與事工，這邊廂便仔細地呈現教會敬拜
隊使用的十架權杖怎樣在一個叼著煙的非信徒工匠手上鑄造出
來。笑陽被教友直指「淫亂」，甘小二卻故意把她安放在耶穌母
親瑪利亞的位置上。這些情節對那些很「乖」的基督徒而言，毋
寧是一種刺眼的挑戰。

三部曲的變與不變

像遠藤周作那樣，甘小二是隨著母親的步伐而信耶穌的。在他父
親臨終的日子，他體驗到母親如何溫柔忍耐地陪伴著至親走最後
一段路。由此他所經驗的基督宗教不是對善惡的論斷而是包容的
愛與釋放。

甘小二每一齣戲都是一個心靈探索的階段。從《山清水秀》到《在
期待之中》，主角從慕道者到信徒領袖都是罪人，都在受苦。所
以他的電影傳達的絕非「信了耶穌便擺脫苦與罪」的「福音」，

而是不論在哪個信仰階段，神的愛與接納都向人敞開。他對主角「信了耶穌仍犯罪」的狀態不加批判的態度，與很多信徒對宗教電影的期望差距甚大：「這怎能作好見證呢？」

三齣電影也有一個從外而內的演變，重心從苦罪的外部描寫轉移到心靈的內部掙扎。阿水一家的遭遇可被視為中國底層人民的苦難展覽，笑陽的憂愁卻正因她的教牧身份而被壓抑，更加幽微內斂。甘小二提倡對這些處境中的人予以接納和諒解之餘，同時也在批判那些論斷者和偽君子。事實上他的電影亦因為對教會內部的批判性，在尋找資金、人才和放映場地的時候難以得到教會的支持。因為堅持、因為誠實，甘小二的自我審視亦被審視著。因此他拍電影拍得很慢，猶如一次艱澀的苦修之旅，要用一生來經歷。

原載出處 /

文章	原載出處
星聲夢裡人： 愛情路上的步伐與目光	《時代論壇》1535 期， 2017 年 1 月 29 日
孤星淚：苦罪世界中孤獨地愛	《一小步》Little Post， 2013 年 1 月 15 日
我兒子是惡魔：愛那不可愛的	《時代論壇》1279 期， 2012 年 3 月 4 日
彌撒：擁抱與復和為何這麼難	《時代論壇》1805 期， 2022 年 4 月 1 日
千里伴我尋：寬恕與放過自己	《時代論壇》1381 期， 2014 年 2 月 16 日
使徒保羅：愛裏沒有懼怕	《時代論壇》1656 期， 2019 年 5 月 24 日
大追捕：罪衍生罪	《時代論壇》1285 期， 2012 年 4 月 15 日
惡人：延續罪惡的寂寞	FES 中學生雜誌《Catch》#88
告白：以惡還惡	FES 中學生雜誌《Catch》#86
美麗末日：罪者的美善	《時代論壇》1232 期， 2011 年 4 月 10 日
饑渴誘罪：自毀式自救	《文化現場》
聖訴：對悔改的質疑	FES 中學生雜誌《Catch》#77

閃閃靚賊：看著我！看著我！	《時代論壇》1359 期，2013 年 9 月 15 日
蜘蛛俠 3：「朋友，你要力量嗎？」	FES 中學生雜誌《Catch》#66
讀愛：纏繞生命的羞恥	FES 中學生雜誌《Catch》#76
飲者傳奇：靈程路上的軟弱者	《時代論壇》1853 期，2022 年 10 月 28 日
這不是一場葬禮：生之勇氣	《時代論壇》1781 期
空手道：How to be a loser	《時代論壇》1578 期，2017 年 11 月 26 日
比海還深：不濃如血，不淡如水	《時代論壇》1511 期，2016 年 8 月 14 日，刪節版
醉美的一課：失控作為一種人生哲學	《時代論壇》1762 期，2021 年 6 月 4 日，原題為〈唯有飲者留其名〉
生命樹：與成長復和	FES 中學生雜誌《Catch》#90
馬丁路德金——夢想之路：通往榮耀之苦路	FES 中學生雜誌《Catch》#108
上帝存在，她叫佩特魯尼婭：配受祝福的弱勢者	《時代論壇》1723 期，2020 年 9 月 4 日
蝙蝠俠——黑夜之神：破碎的基督形象	FES 中學生雜誌《Catch》#72
蝙蝠俠——夜神起義：資本主義的假基督	FES 中學生雜誌《Catch》#97
機密真相：神啊救救我！讓我去坐牢！	《時代論壇》1332 期，2013 年 3 月 10 日

另類神父：再思牧者是誰	《時代論壇》1700 期，2020 年 3 月 27 日
牧師的最後誘惑： 身陷幽谷的牧者	《時代論壇》1621 期，2018 年 9 月 23 日
虛無：神顯‧奇觀‧消費	《時代論壇》1828 期，2022 年 9 月 9 日
千萬別抬頭：天地有盡時	《時代論壇》1795 期，2022 年 1 月 21 日
當福音再臨：不忍你受永刑	《時代論壇》1757 期，2021 年 4 月 30 日
塔可夫斯基與聖愚	《行在地上的天國子民》，突破出版社，2014
愛這個罪惡世界： 甘小二的宗教電影	《時代論壇》1550 期，2017 年 5 月 14 日